APUNTES DE
CONTABILIDAD FINANCIERA II

Prólogo:

La contabilidad financiera es un sistema de información que estudia el patrimonio empresarial, el cual está destinada a los usuarios externos a la empresa mediante las cuentas anuales.

El procedimiento está regulado por la normativa del Plan General Contable, valorando los hechos contables y los formatos de cómo se debe aportar dicha información.

Mediante una relación ordenada y codificada de las cuentas de patrimonio y de gestión de la empresa se recogerá la información que refleje la imagen fiel de la empresa.

En este libro se abarca cada una de las cinco partes del Plan General de Contabilidad y la agrupación de cada una de las cuentas separando la actuación en las pymes, en las microempresas y en las empresas en general cuando se precise. Se prestan conocimientos sobre el inmovilizado de la empresa, los instrumentos financieros, ayudas públicas y privadas, provisiones, operaciones en moneda extranjera, impuestos y el resultado contable.

Los apuntes de contabilidad financiera II recoge de forma avanzada los datos aportados durante las clases lectivas del grado de finanzas y contabilidad que se oferta en la Universidad de Valencia en el año 2014.

Este material es útil para el seguimiento del curso y está estructurado conforme a la guía docente aportada. Todos los gráficos e imágenes que se presentan en los apuntes es realización propia mediante ejemplos y datos inventados y aportados durante el curso realizado.

Índice:

1º Presentación y conceptos básicos

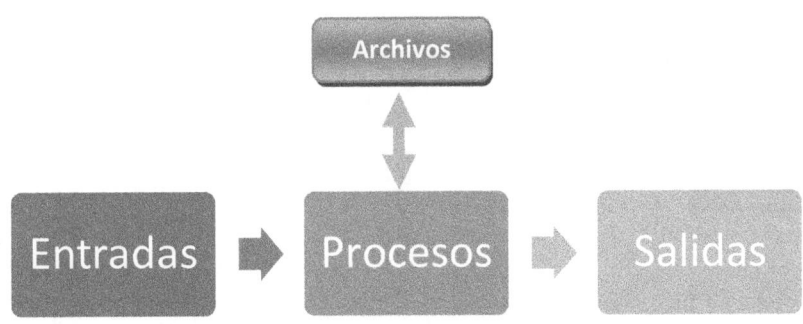

La contabilidad financiera es un sistema de información que estudia el patrimonio empresarial, el cual está formado por los bienes (activos), derechos de cobro (activo) y obligaciones de pago (pasivo).

Salidas:

La contabilidad financiera está destinada a usuarios externos, el cual sirve para generar las cuentas anuales, compuesto por cinco libros:

- *El balance de situación:* está compuesto por el activo, el patrimonio neto y el pasivo.
- *La cuenta de pérdidas y ganancias:* comprende los gastos y los ingresos generados durante el ejercicio.
- *El estado de cambios de patrimonio neto:* informa de todos los cambios habidos en el patrimonio neto.
- *El estado de flujos de efectivo:* informa sobre el origen y la utilización del efectivo de la empresa o de otros activos líquidos equivalentes.
- *La memoria explicativa del resto de documentos.*

Las cuentas anuales se deben depositar en el Registro Mercantil.

Procesos:

La metodología que se emplea para recoger la información es el "método de la partida doble", es decir, deben de haber dos participantes como mínimo para cada anotación, si hay alguien que cobra, siempre tiene que haber alguien que paga.

Archivos:

La metodología se realiza en el libro Diario y en el libro Mayor, en los cuales no se emplean signos matemáticos. La explicación del por qué no se emplean los signos matemáticos es la siguiente:

- *Momento 0:* $A_0 = P_0 + N_0$
- *Momento 1:* $A_1 = P_1 + N_1$

$$A_0 + \Delta A - \nabla A = P_0 + \Delta P - \nabla P + N_0 + \Delta N - \nabla N$$

$$A_0 + \Delta A + \nabla P + \nabla N = \nabla A + P_0 + \Delta P + N_0 + \Delta N$$

Parte izquierda	Parte derecha
Debe	haber

Entradas:

La entrada de los datos de la contabilidad financiera se realiza mediante hechos contables. Los hechos contables son toda la operación realizada por la empresa que afecte a la compasión de su patrimonio.

Se basa en la normativa del P.G.C. (Plan General Contable), el cual nos proporciona un cuadro de cuentas, como debemos valorar los hechos contables y los formatos de cómo aportar la información.

El patrimonio

El patrimonio empresarial está compuesto por bienes y derechos (de cobro), siendo la parte positiva del patrimonio (activo) y de obligaciones (de pago), siendo la parte negativa del patrimonio (pasivo).

El pasivo está compuesto por:

- *Recursos ajenos:* Pasivo.
- *Recursos propios:* Patrimonio Neto.

El patrimonio neto está compuesto por:

- *Las aportaciones de los socios:* Capital social.
- *Los beneficios no retribuidos:* Reservas.

Los elementos patrimoniales son los distintos elementos que constituyen el patrimonio empresarial y las cuentas son la representación contable de los elementos patrimoniales. El equilibrio empresarial es el siguiente:

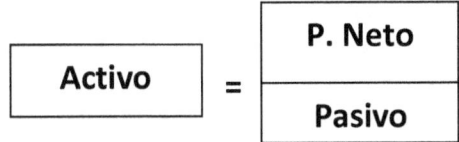

Masas patrimoniales

Son los grupos a los que pertenecen los elementos patrimoniales. Su estructura es la siguiente:

Masas patrimoniales del *activo* y sus elementos:

- Activo no corriente (activo fijo):
  - *Inmovilizado material:* construcciones, mobiliario, terrenos o bienes naturales, equipos de procesos in-

formáticos (E.P.I.), maquinaria, elementos de transportes…

- o *Inmovilizado inmaterial (intangible):* aplicaciones informáticas, propiedad intelectual (patentes)...
- o *Inmovilizado financiero:* inversiones financieras a largo plazo (inversiones financieras)…
- **Activo corriente:**
  - o *Existencias:* mercaderías, materias primas…
  - o *Realizable:* clientes (deudas que tienen los clientes contigo), inversiones financieras (inversiones financieras a corto plazo), inversiones financieras en capital (acciones, siendo un bien especulativo se considera a corto)…
  - o *Disponible:* tesorería (caja € (dinero en efectivo), banco c/c (cuentas de ahorro))…

Masas patrimoniales del *pasivo* y sus elementos:

- *Pasivo no exigible (patrimonio neto):* capital social (aportaciones de los socios), reservas (beneficios no retribuidos), resultado negativo del ejercicio anterior (perdidas)…
- *Pasivo no corriente (exigible a largo plazo):* prestamos l/p (prestamos a más de un año)…
- *Pasivo corriente (exigible a corto plazo):* prestamos c/p (prestamos a menos de un año), proveedores (deudas a los proveedores), hacienda pública acreedora (deuda a la seguridad social y los impuestos), acreedores, Remuneración pendientes de pago (salarios)…

El inventario

Es un documento que relaciona detalladamente y valora los elementos que comprende el patrimonio empresarial.

Clases de inventarios:

- Por su extensión:
  - o *Generales:* incluyen todo el patrimonio.

- o *Parciales:* comprenden una parte del patrimonio (ejem. Existencias).
- Por el momento en el que se realizan:
  - o *Inicial:* cuando se constituye la empresa.
  - o *De gestión:* al finalizar cada ejercicio.
  - o *De liquidación:* se efectúa al liquidar el negocio.
  - o *De intervención:* se efectúa en caso de suspensión de pagos o quiebra.

Fases de la elaboración del inventario:

- Investigación de los elementos que lo componen.
- Valoración de los elementos patrimoniales en una unidad de medida común (euros).
- Clasificación de los elementos en cuentas y masas patrimoniales.
- Disposición material en el libro de inventarios y cuentas anuales.

Estructura del inventario:

- *Encabezamiento:* consta del número de orden del inventario, el nombre de la empresa y el domicilio.
- *Cuerpo:* consta del detalle de las masas patrimoniales.
- *Pie:* certificación del capital firmada por el empresario y la fecha de realización del inventario.

Inventario nº ....Corresponde a la empresa...................... con domicilio en...				
Unidades	**Conceptos**	**Pre- cios/un idad**	**Parcial**	**Total**
	Activo:			
	Caja:			
	Dinero en efectivo........			500

	Banco c/c:			
	Banco del norte………..		1300	
	Banco del sur………….		800	2100
	Clientes:			
	Sr. Pérez………………		686	
	Comercial del polo……		1184	1870
	Mercaderías:			
400	Uds. Producto A………	1.40	560	
800	Kg articulo B………….	5.50	4400	
600	M producto C…………	9.60	5760	10720
	Mobiliario:			
4	Mesas…………………	300	1200	
6	Sillas…………………..	60	360	
2	Estanterías…………..	300	600	2160
	Construcciones:			
	Almacén………………			40000
	Terrenos:			
	Terreno del almacén…..			8000

	Total activo……..		65350
	Pasivo:		
	Proveedores:		
	Sr. Pacheco……………..	2650	
	Industrias del este………	<u>3400</u>	6050
	Deudas con entidades de crédito:		
	Banco oeste……………………		13600
	Total pasivo…………		19650

Resumen

Activo………………………………….. 65.350

Pasivo………………………………….. 19.650

Capital líquido………………...…… 45.700

Certifico que el capital líquido de la empresa asciende a cuarenta y cinco mil setecientos euros

…………..…… de…………..…… de……….

Firma.

Los hechos contables

Son todos los acontecimientos económicos-administrativos que repercuten en el patrimonio de la empresa. Estos pueden ser:

- *Hechos permutativos:* son los hechos contables que alteran el activo, el pasivo o el capital, pero no la cuantía del patrimonio neto.
- *Hechos modificativos:* son aquellos que modifican el patrimonio neto de la empresa por representar ingresos y gastos (beneficios o pérdidas). Pudiendo ser aumentativos o disminutivos.
- *Hechos mixtos:* son aquellos que presentan una parte permutativa y otra modificativa simultáneamente. Pudiendo ser aumentativos o disminutivos.

La partida doble:

Todo hecho contable debe de ser registrado de manera que refleje el origen y su destino. Siempre deben de cumplir los principios de funcionamientos. Estos son:

- Siempre ha de haber dos cuentas mínimo por cada operación.
- La suma del debe y del haber han de ser equivalentes.

Las dos partes esenciales del método de la partida doble son:

- Un origen o una fuente de financiación se inscriben en el Haber.
- Un fin o una inversión se anota en el Debe.

Las cuentas, su clasificación y su funcionamiento

Es un instrumento de representación y medida de un elemento patrimonial que capta la situación inicial de este y las variaciones que poste-

riormente se vayan produciendo en él. Se representa en forma de "T". La cuenta se divide en dos partes:

- *Debe:* en la parte izquierda.
- *Haber:* en la parte derecha.

Se pueden clasificar en dos grandes grupos de cuentas:

- *Cuentas patrimoniales:* son aquellas que se utilizan para representar los distintos elementos patrimoniales (bienes, derechos y obligaciones). Con el saldo de estas se elabora el balance de situación.
  - o Cuentas de activo.
  - o Cuentas de pasivo.
  - o Cuentas de neto.
- *Cuentas de gestión:* son aquellas que representan los flujos de ingresos y gastos en un periodo de tiempo determinado. Con el saldo de esta se obtiene la cuenta de pérdidas y ganancias.
  - o Cuentas de gastos.
  - o Cuentas de ingresos.

<u>*El funcionamiento de las cuentas patrimoniales:*</u>

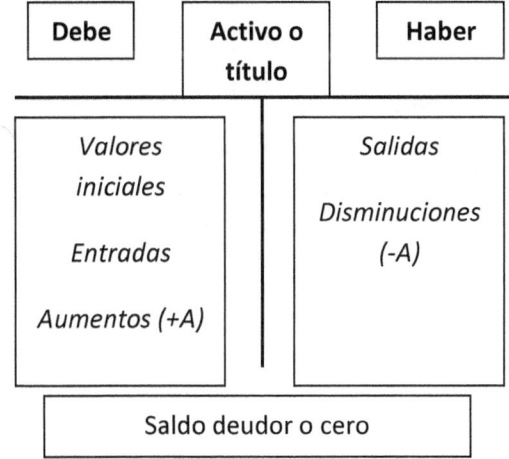

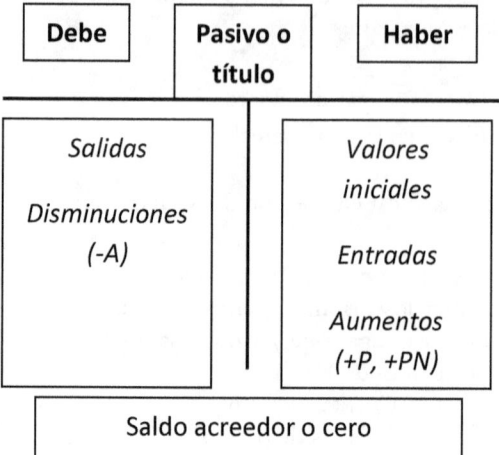

Funcionamiento de las cuentas de gestión:

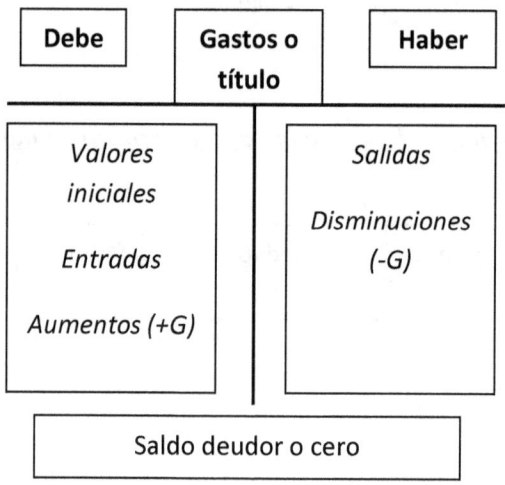

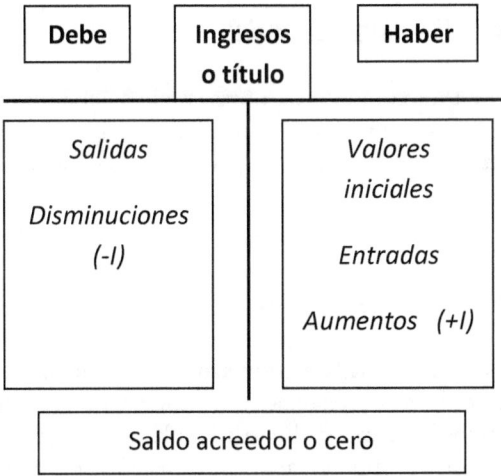

- Cuando la suma del *debe* es mayor que la del *haber*, es **saldo deudor**.
- Cuando la suma del *debe* es menor que la del *haber*, es **saldo acreedor**.
- Cuando la suma del *debe* es igual que la del *haber*, es **saldo cero**.

Tecnicismos de las cuentas:

- Cargar, adeudar o debitar una cuenta es realizar una anotación en el **debe**.
- Abonar, acreditar o descargar una cuenta es hacer una anotación en el **haber**.
- *Saldar una cuenta:* consiste en colocar el saldo en el lado que sume menos para equilibrar la cuenta.
- *Liquidar una cuenta:* consiste en realizar las operaciones necesarias para obtener su saldo.
- *Cerrar una cuenta:* consiste en sumar los dos lados después de haber saldado la misma.
- *Reapertura de la cuenta:* se efectúa colocando el saldo en el lado contrario al que se inscribió para saldarla.

El plan general de contabilidad

La normalización contable:

Consiste en un conjunto de normas que se aplican en la contabilidad de toda la Unión Europea para reflejar la imagen fiel de la empresa. Siendo la IV directiva, la norma principal del plan contable europeo.

La planificación contable:

Es la relación ordenada y codificada de las cuentas necesarias para captar el patrimonio y los resultados obtenidos por la empresa, conteniendo los motivos de cargo y abono de cada cuenta y las conexiones de las distintas cuentas. Proporcionando información sobre la situación patrimonial de la empresa así como los hechos que provoquen alteraciones en dicha situación.

Los principios contables:

Son las reglas y guías impuestas por normas legales, siendo el soporte de la contabilidad de la empresa y el funcionamiento de los criterios de valoración. Estos son:

- *Principio de empresa en funcionamiento:* se considera que la gestión de la empresa continuará en un tiempo futuro más o menos largo (más de un año).
- *Principio de devengo:* los efectos de los hechos contables se registraran cuando ocurran, imputándose al ejercicio al que se refiera.
- *Principio de uniformidad:* cuando se aplica un tipo de criterio de valoración, se seguirá aplicando la misma durante la vida de la empresa.
- *Principio de prudencia:* los riesgos previsibles se han de contabilizar tan pronto como se sepa, incluyendo las amortizaciones y las correcciones de valor por deterioro.
- *Principio de no compensación:* no se podrá compensar las partidas del activo y del pasivo o los de gastos e ingresos, va-

lorándose separadamente los elementos integrantes de las cuentas anuales.

- *Principio de importancia relativa:* en caso de conflicto entre alguno de los principios contables, prevalecerá el que mejor exprese la imagen fiel de la empresa.

Las partes del plan general contable:

El Plan General Contable está dividido en cinco partes, las cuales son:

- El marco conceptual de la contabilidad.
- Las normas de registros y valoración.
- Las cuentas anuales.
  - o El balance.
  - o Las cuentas de pérdidas y ganancias.
  - o Los estados de cambio de patrimonio neto.
  - o Los estados de flujo de efectivo.
  - o La memoria.
- El cuadro de cuentas.
- Las definiciones y las relaciones contables.

La agrupación de las cuentas:

Las cuentas del activo, pasivo y el patrimonio neto se agrupan en cinco grupos principales y dos grupos más para la gestión de la empresa.

- *Grupo 1:* se trata de la financiación básica de la empresa. Alberga las cuentas del patrimonio neto (fondos propios) y el pasivo no corriente, es decir el fondo de maniobra.
- *Grupo 2:* este grupo alberga las cuentas del activo no corriente.
- *Grupo 3:* este grupo se encuentran las cuentas de las existencias, pertenecientes a las cuentas del activo corriente.
- *Grupo 4:* este grupo alberga las cuentas relacionadas con las deudas comerciales, pertenecientes al activo corriente. Además de los acreedores comerciales, pertenecientes al

pasivo corriente, es decir, se trata de un grupo que dispone de cuentas de carácter comercial.

- *Grupo 5:* este grupo alberga las cuentas relacionadas con otros deudores y el apartado disponible del activo corriente. Además, de las cuentas de otros acreedores del pasivo corriente, es decir, se trata de un grupo que dispone de cuentas de carácter financiero
- *Grupo 6 y 7:* alberga las cuentas de gestión de gastos e ingresos que al finalizar el año irán al resultado del ejercicio.

Principales características

El Plan General de Pymes:

El Plan general de Contabilidad facilita la gestión contable a aquellas empresas que se puedan considerar pymes, para ello debe darse dos de las siguientes circunstancias durante al menos dos años consecutivos:

- El activo de la empresa no puede ser superior a 2.850.000€.
- La cifra anual de negocios de la empresa no puede ser superior a 5.700.000€.
- El número medio de trabajadores en la empresa no puede ser superior a 50 trabajadores.

Para aquellas empresas que se pueden considerar pymes, se suprimen los grupos 8 y 9 del Plan General Contable, es decir, los gastos e ingresos que son imputados en el patrimonio neto, por lo tanto no existe la categoría de "activos disponibles para la venta".

En los pasivos financieros, pueden contabilizar la deuda por su valor nominal, imputando los gastos de apertura en las cuentas de pérdidas y ganancias del ejercicio.

Además, el nivel de exigencia en la memoria es menor y no es obligatorio el estado de flujos de efectivo.

Microempresas:

Las microempresas son aquellas empresas más pequeñas, las cuales deben de darse dos de las siguientes circunstancias para que se puedan considerar como tal, estas son:

- El activo de la empresa no puede ser superior a 1.000.000€.
- La cifra anual de negocios de la empresa no puede ser superior a 2.000.000€.
- El número medio de trabajadores en la empresa no puede ser superior a 10 trabajadores.

Una ventaja que los aporta el Plan General de Contabilidad es la forma de contabilizar el arrendamiento financiero, ya que este actuará como un arrendamiento operativo siempre que no sean terrenos, solares o activos no amortizables (se debe mantener este criterio al menos durante tres ejercicios económicos).

La obligación contable de los empresarios

Estas obligaciones las recoge el Código de comercio, del cual destacamos los artículos:

- *Artículo 25.1:* Todo empresario deberá llevar una contabilidad ordenada, adecuada a la actividad de su empresa mediante el seguimiento cronológico de todas sus operaciones.
- *Artículo 25.2:* la contabilidad será llevada directamente por los empresarios o las personas autorizadas.
- *Artículo 26:* las sociedades mercantiles llevarán también un Libro de Actas, en el que constarán todos los acuerdos tomados por las juntas generales y especiales.

Los libros obligatorios según el código de comercio son:

- *Libro Diario:* en el cual se registrarán día a día las operaciones relativas a la actividad de la empresa. Cada asiento llevará su número de operación e irán ordenados por fechas.

- *Libro de inventarios o cuentas anuales:* se abrirá con el balance inicial detallado de la empresa. Trimestralmente se transcribirá un balance de comprobación de sumas y saldos. Al final del ejercicio se hará un inventario de cierre de ejercicio y el libro de cuentas anuales.
- *Libro de Actas:* donde se recogen las decisiones de los administradores de la sociedad.
- *Libro Registro de Facturas Emitidas:* obligación formal para el IVA.
- *Libro Registro de Facturas Recibidas:* obligación formal para el IVA.

Los libros voluntarios según el Código de Comercio son:

- *Libro Mayor:* nos permite conocer la situación y movimientos de cada elemento patrimonial.

Legalización de los libros

Se deberá presentar los libros obligatorios en el Registro Mercantil del lugar donde tuvieren su domicilio para legalizarlos antes de su utilización.

Plazos	
Elaboración de las cuentas	3 meses a partir del cierre del ejercicio.
Legalización de los libros	4 meses a partir del cierre del ejercicio.
Informe de auditores	Mínimo un mes desde que reciban las cuentas.
Junta General que aprueba las cuentas y la distribución de los resultados	6 meses desde el cierre del ejercicio.
Depósito de las cuentas	1 mes desde la aprobación por la Junta General.
Impuesto sobre Sociedades	25 días siguientes a los 6 meses posteriores a la conclusión del periodo impositivo.

Los empresarios conservarán los libros, debidamente ordenados, durante 6 años, a partir del último asiento realizado en los libros.

Cuadro de análisis contable básico

Sirve para analizar un hecho contable mediante una tabla que nos dirija hasta las anotaciones que podamos realizar en el Debe y el Haber.

Numero de opera-ción	Elementos patrimoniales afectados	Masas a las que pertenecen (A, P, PN, I, G)	Aumentan o disminu-yen los elementos	Debe o Haber	Importe de la variación

El libro diario

Es un libro obligatorio. Se empieza con el asiento de apertura (el balance de situación del periodo anterior). En él se escriben las anotaciones, por el mismo orden en que se realizan.

- *Apunte:* cada anotación realizada en una cuenta del libro Diario.
- *Asiento:* es el conjunto de apuntes de un hecho contable.

Debe	Diario			Haber
	1 ──────── Fecha ────────			
500	Mobiliario	a/	Proveedores de inmovilizado	500
	2 ──────── Fecha ────────			
9.000	Elementos de transportes	a/	Bancos c/c	4.000
		a/	Proveedores de inmovilizado	5.000

La suma de las cantidades del Debe y del Haber de un asiento, deben ser iguales.

El libro mayor

Este libro no es obligatorio, pero si recomendable para una contabilidad ordenada.

Todo lo escrito en el libro Diario debe de aparecer en el libro Mayor en orden cronológico (día a día). El libro Mayor ordena la información del libro Diario en relación con cada cuenta (elemento patrimonial), reflejando cada valor del elemento que representa y los aumentos y disminuciones habidos a lo largo del periodo. Por lo tanto, cuando se quiere conocer la situación de una cuenta se acude al libro Mayor. Las cuentas se representan en forma de "T", ocupando una hoja cada una de las cuentas abiertas.

Activo			Pasivo		
Debe	**Mobiliario**	**Haber**	**Debe**	**Proveedores inmovilizado**	**Haber**
	500				500
Debe	**Nombre de la cuenta**	**Haber**	**Debe**	**Nombre de la cuenta**	**Haber**

Balance de comprobación

El balance de comprobación es obligatorio cada tres meses. Son las sumas y saldos que se confeccionan en el libro Mayor (activo, pasivo, patrimonio neto, ingresos y gastos), en el cual se refleja todas las cuentas que han recibido una anotación.

- Las columnas del Debe y el Haber deben sumar lo mismo y coincidir con las del libro Diario.
- Las columnas de saldos deben de sumar lo mismo.

Finalidades del balance de comprobación:

- Ver si han existido errores al pasar la información del libro Diario al Mayor.
- Ofrecer una síntesis informativa del libro Mayor.

Código	Cuenta	Sumas		Saldos	
		Debe	Haber	Deudor	Acreedor
		Σ Debe	Σ Haber	Σ Deudor	Σ Acreedor

Gastos e ingresos

Los gastos inciden de forma negativa en el resultado, por lo que tales cuentas recogerán pérdidas.

```
Gastos — Disminuciones del neto < Pago / Deuda
```

Los ingresos inciden de forma positiva, por lo tanto que las cuentas de ingresos recogen ganancias.

Cuentas de gastos:

- *Arrendamientos y cánones:* gastos pagados por el alquiler de bienes en uso o a disposición de la empresa.
- *Reparaciones y conservaciones:* gastos de sostenimientos de los bienes de inmovilizado.
- *Servicios de profesionales independientes:* servicios prestados por profesionales a la empresa (abogados, economistas…).
- *Transportes:* transportes realizados por terceros a cargo de la empresa (los portes que no están incluidos en el precio).
- *Primas de seguros:* cantidades satisfechas en concepto de primas.
- *Servicios bancarios y similares:* cantidades satisfechas en conceptos bancarios no expuestos en gastos financieros.
- *Publicidad, propaganda y RRPP:* gastos por los conceptos de marketing.
- *Suministros:* electricidad, agua y gas.
- *Otros servicios:* los no comprendidos en las cuentas anteriores (teléfono…).
- *Sueldos y salarios:* remuneraciones fijas y eventuales al personal de la empresa.
- *Compra de mercancías:* compra de las mercancías de la empresa (en el libro mayor).
- *Intereses de deudas:* intereses de los préstamos o las deudas.
- *Intereses por descuentos de efectos:* intereses de las operaciones de descuento en letras y otros efectos.
- *Otros gastos financieros:* los conceptos de esta naturaleza que no estén comprendidos en las cuentas anteriores.

Cuentas de ingresos:

- *Ingresos por arrendamientos:* ingresos por los alquileres de bienes cedidos por la empresa para la disposición por terceros.
- *Ingresos por comisiones:* cantidades percibidas por contraprestaciones a servicios por mediación.
- *Ingresos por servicios diversos:* transportes, reparaciones, informes, asesorías…
- *Otros servicios financieros:* los de naturaleza financiera no incluidos en otras cuentas.
- *Ventas de mercancías:* venta de mercancías de la empresa (en el libro mayor).

Compras o adquisiciones

Esquema para diferenciar los tipos de compras o adquisiciones con su elementos patrimonial correspondiente.

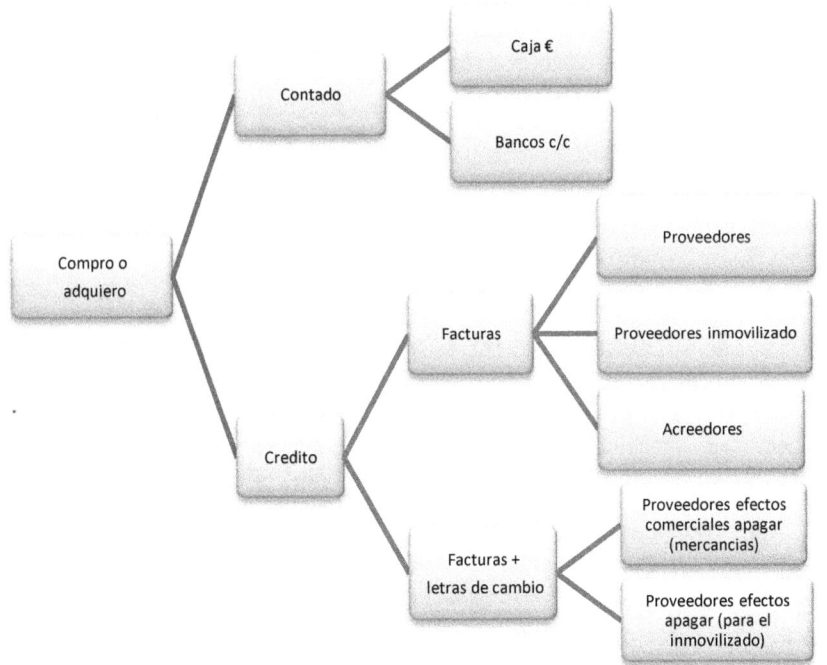

2º El inmovilizado material e intangible

El inmovilizado son los bienes de la empresa que ha comprado o construido con la intención de emplearlos de una forma continuada en la actividad de la empresa. Su vida útil siempre supera el ejercicio económico y no está destinada a la venta. El inmovilizado se puede adquirir a través de:

- *Suministradores ajenos.*
- *Producción propia.*
- *Otras formas:* permutas, donaciones, arrendamientos financieros (leasing).

Se puede modificar el valor del inmovilizado por:

- *Amortización:* es una pérdida de valor irreversible, siendo ocasionada por:
  - o Motivos técnicos.
  - o Motivos físicos.
  - o Obsolescencia (pasado de moda u obsoleto).
- *Deterioro de valor de carácter reversible.*
- *Revalorización:* un aumento del valor.
- *Por mejoras:* a causa de añadir diversas mejoras a los inmovilizados.
- *Enajenación:* la venta del inmovilizado.

Existen algunos componentes del valor inicial del inmovilizado material que se integran y otros que son excluidos a la hora de contabilizar el valor de estas cuentas:

- Se integran:
  - o El importe facturado en la adquisición o el coste de producción.
  - o Los impuestos no recuperables.
  - o Los gastos de la puesta en funcionamiento y por desmantelamiento.

31

- o Los intereses de financiación cuando su uso excede un año o devengados antes de estar en condiciones de funcionamiento.
- Se excluyen:
  - o Gastos no relacionados con la adquisición o puesta en marcha del inmovilizado.
  - o Los impuestos repercutibles (IVA).
  - o Los intereses de financiación cuando su uso no excede de un año o devengados después de estar en condiciones de funcionamiento.

Algunos conceptos básicos del reconocimiento contable que afectan al inmovilizado son:

Grandes reparaciones: se tendrá en cuenta su incidencia en el importe del inmovilizado material durante el periodo hasta que se repare, posteriormente se contabilizará como una sustitución y se darán de baja los importes de los gastos asociados a la reparación. Si se prevé que se debe realizar dicha reparación en la adquisición del bien, se debe calcular la amortización de la reparación aparte, para no imputarlo en un solo ejercicio económico. Si la forma de amortizarse es diferente al activo, se realizará aparte y posteriormente se le sumará a la amortización del activo (habiéndole restado previamente el coste de la reparación al activo).

Costes de renovación, ampliación y mejora: estos costes se añaden al activo como un aumento del valor del bien, siempre que aumente su capacidad, productividad o alargamiento de su vida útil., dando de baja los elementos sustituidos.

Criterios de valoración

Es el proceso por el que se asigna un valor monetario a cada uno de los elementos integrantes de las cuentas anuales.

Coste histórico: constituido por tres principios.

- *Precio de adquisición:*

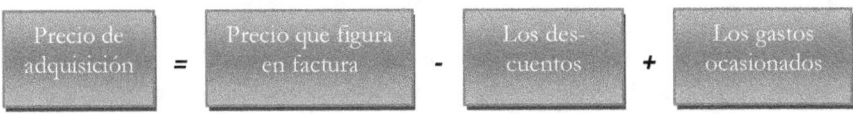

- *Coste de producción:* es el coste de fabricación imputable al activo.
- *Coste histórico:* viene reflejado por el valor de los intereses, integrándose estos a una cuenta diferente.

Valor razonable: es el importe por el que puede ser adquirido un activo o liquidado un pasivo, en tres partes interesadas y debidamente informadas.

- Se calcula por referencia a un valor de mercado fiable (mutuo acuerdo entre las partes).
- Si no existe un mercado activo, se obtendrá el valor razonable mediante métodos de valoración.
- Si no se puede valorar por los anteriores criterios se hará por su coste de amortización, por el precio de adquisición o por el coste de producción, siendo reflejado en la memoria de este hecho contable.

Valor neto realizable: es el importe que se puede obtener por la enajenación del activo en el mercado.

Valor contable: es el importe neto por el que un activo o un pasivo se encuentra registrado en balance una vez deducida.

Valor residual: es el importe de un activo que se estima que podría tener en el momento actual de su venta, considerando la antigüedad alcanzada y otras condiciones al final de su vida útil.

Correcciones valorativas (las amortizaciones)

Las correcciones valorativas pueden ser:

- *Reversibles:*

- o   Terrenos.
- o   El fondo de comercio.
- *Irreversible:*
  - o   Casi todo el grupo 2.

Las amortizaciones y la depreciación son lo mismo. Desde un punto de vista contable, supone un gasto en el ejercicio. Se reflejará en el balance restando al inmovilizado al cual pertenece, disminuyendo así su valor.

Se recogerá la pérdida de su valor solo el tiempo que esté en la empresa, es decir, si se da de baja en agosto, sólo se contabilizará de enero a agosto, ya que fue el tiempo que estuvo en la empresa.

Las amortizaciones siempre se recogen al final de cada año o cuando se venda el inmovilizado, siempre por el tiempo que estuvo en la empresa.

Existen dos tipos de amortizaciones, la forma fiscal y la contable. Las amortizaciones fiscales se realizan mediante tablas con máximos y mínimos que se encuentran en la ley de sociedades. Es la forma que Hacienda tiene de controlar las amortizaciones a efectos fiscales en el resultado del ejercicio de la empresa, el cual repercute en el impuesto de sociedades. La amortización contable tiene como objetivo distribuir la depreciación del inmovilizado en los años estimados que se va a efectuar su uso en la empresa, la cual no tiene porque efectuarse mediante las tablas de la ley de sociedades.

Las cuentas relacionadas con las correcciones valorativas son:

- *(680)* Amortización del inmovilizado intangible.
- *(681)* Amortización del inmovilizado material.
- *(682)* Amortización de las inversiones inmobiliarias.
- *(280)* Amortización acumulada del inmovilizado intangible.
- *(281)* Amortización acumulada del inmovilizado material.
- *(282)* Amortización acumulada de las inversiones inmobiliarias.

El funcionamiento de las cuentas:

Debe	Diario	Haber
	1 ——————— **31-12-00** (680) Amortización a/ (280) Amortización del inmovilizado acumulada del intangible. inmovilizado in- tangible	

El cálculo de las amortizaciones:

Existen varios métodos para calcular la cuota anual de las amortizaciones de las cuales destacaremos las siguientes:

- *Amortización constante o lineal:* se calcula en función del tiempo a amortizar el inmovilizado.

$$Valor\ contable = \frac{Precio\ de\ adquisición - Valor\ residual}{Duración\ útil\ estimada}$$

- *Amortización técnico funcional:* se calcula en función del uso del inmovilizado, estas pueden ser por km, horas, unidades, etc.

$$Valor\ contable = \frac{Precio\ de\ adquisición - Valor\ residual}{Uso\ útil\ estimado}$$

$$Amortización = Valor\ contable \cdot Uso\ total\ en\ el\ ejercicio$$

- *Amortización variable:* consiste en una amortización decreciente por sumas de dígitos. Los pasos a seguir son:
  - Se calcula la base de amortización con el precio de adquisición menos el valor residual del bien a amortizar.
  - Se forma una serie decreciente con el tiempo de la vida útil del inmovilizado y se suma, denominada

suma de dígitos. En el caso de una vida útil de 8 años (8+7+6+5+4+3+2+1=36).

o Se calcula la cuota de dígitos mediante la base de amortización entre la sima de dígitos.

o Se calcula la cuota de amortización anual multiplicando la cuota de dígitos por el valor numérico en la serie decreciente.

Adquisiciones, baja y enajenación del inmovilizado material

Adquisiciones mediante suministradores ajenos:

Las cuentas relacionadas con las compras de inmovilizado son:

- *(173)* Proveedores inmovilizado l/p.
- *(523)* Proveedores inmovilizado c/p.
- *(175)* Efectos a pagar l/p.
- *(525)* Efectos a pagar c/p.
- *(239)* Anticipos inmovilizado material.

Las cuentas que intervienen en la venta de inmovilizado son:

- *(253)* Créditos a l/p por enajenación del inmovilizado.
- *(2531)* Efectos a cobrar a l/p.
- *(543)* Créditos a c/p por enajenación del inmovilizado.
- *(5431)* Efectos a cobrar a c/p.

Por la venta puedo obtener:

- *Beneficios:* las cuentas se encuentran en el subgrupo *"77"* beneficios procedentes del inmovilizado.
- *Perdidas:* las cuentas se encuentran en el subgrupo *"67"* pérdidas procedentes del inmovilizado. Si las pérdidas se producen por hechos extraordinarios (incendios, accidentes…) se recoge en la cuenta *"678"* Gastos excepcionales.

El funcionamiento de las cuentas:

Se adquiere una máquina por un precio de adquisición de 1.000€, se le anticipa el 20% al proveedor. Tras recibir la máquina se aplaza el pago a un año. Al mes, se acepta la letra de cambio por el importe aplazado. Tipo de IVA 21%. Al finalizar el vencimiento de la letra lo pagamos por el banco y el proveedor nos cobra 50€ por el aplazamiento.

Debe	Diario		Haber
	1 ───────── **00-00-00** ─────────		
200	(239) Anticipo de inmovilizaciones materiales.	a/ (572) Banco c/c	242
42	(472) HP, IVA soportado.		
	2 ─────────── **Fecha 2** ───────────		
1.000	(213) Maquinaria.	a/ (239) Anticipo de inmovilizaciones materiales.	200
168	(472) HP, IVA soportado.		
	(210 – 42 = 168)	a/ (523) Proveedor inmovilizado a c/p.	968
	3 ─────────── **Fecha 3** ───────────		
968	(523) Proveedor inmovilizado a c/p.	a/ (525) Efectos a pagar a c/p.	968
	4 ─────────── **Fecha 4** ───────────		
968	(525) Efectos a pagar a c/p.	a/ (572) Banco c/c.	1.018
50	(662) Intereses de deuda.		

Adquisición del inmovilizado con pago aplazado a largo plazo:

En las adquisiciones del inmovilizado con el pago aplazado a más de un año se le aplica el factor de actualización "$1+i$", reflejando los inter-

eses adeudados en el ejercicio correspondiente, por lo tanto usaremos la fórmula "$C_n = C_0 \cdot (1+i)$" para calcular los intereses de cada año. En el caso que se tenga que calcular los intereses para menos del año, fraccionaremos el tiempo en cuestión, ya que si el inmovilizado se compra en septiembre recogeremos los intereses hasta el final del año (3 meses) reflejando sólo los intereses pertenecientes a ese ejercicio.

El funcionamiento de las cuentas:

Compramos un coche por 5.000€ más IVA. Se aplaza el pago a dos años aplicando unos intereses del 5% anual. Al mes de la compra aceptamos una letra de cambio por el importe aplazado. Recogemos los intereses en el año correspondiente y al finalizar el vencimiento pagamos la deuda por el banco.

Debe	Diario	Haber
5.000 1.050	1 ———— **01-01-00** ———— (218) Elementos de transporte. a/ (173) Proveedor inmovilizado a l/p. (472) HP, IVA soportado.	6.050
6.050	2 ———— **00-00-00** ———— (173) Proveedor inmovilizado a l/p. a/ (175) Efectos a pagar a l/p.	6.050
302,50	3 ———— **31-12-00** ———— (662) Intereses de deudas. a/ (175) Efectos a pagar a l/p. $(C_n = 5.900 \cdot (1+0,05) = 6.195)$ $(6.195 - 5.900 = 295)$	302,50
6.352,50	4 ———— **00-00-01** ———— (175) Efectos a pagar a l/p. a/ (525) Efectos a pagar a c/p.	6.352,50
317,62	5 ———— **31-12-01** ———— (662) Intereses de deudas. a/ (525) Efectos a pagar a c/p.	317,62

6.670,12	6 ─────── **31-12-01** ─────── (525) Efectos a a/ (572) Bancos c/c pagar a c/p.	6.670,75

Enajenación del inmovilizado material:

Cuando hablamos de enajenación del inmovilizado, nos referimos a la venta de un activo o un bien perteneciente al inmovilizado material.

Las cuentas que intervienen en la enajenación del inmovilizado material son:

- (253) Créditos a largo plazo por enajenación del inmovilizado.
- (543) Créditos a corto plazo por enajenación del inmovilizado.
- (691) Deterioro de valor procedente del inmovilizado material.
- (791) Reversión del deterioro procedente del inmovilizado material.
- (671) Pérdidas procedentes del inmovilizado material.
- (771) Beneficios procedentes del inmovilizado material.

El funcionamiento de las cuentas:

Debe	Diario		Haber
XXX	─────── **00-00-00** ─────── (543) Créditos a C/P por enajenación del inmovilizado.	a/ (21X) Inmovilizado material.	XXX
XXX	(281) A. A. del inmovilizado material	a/ (791) Reversión del deterioro del inmovilizado material	XXX
XXX	(691) Deterioro de valor del inmovilizado material		

Baja del inmovilizado por siniestro:

Se trata de dar de baja el inmovilizado de las cuentas de la empresa sin efectuar una venta, siendo de normal un siniestro que haya dejado inutilizado el activo. Los gastos que han sido ocasionado por el suceso, siempre se van al resultado del ejercicio como gastos excepcionales (cuenta 678).

El funcionamiento de las cuentas:

Debe	Diario		Haber
	00-00-00		
XXX	(678) Gastos excepcionales.	(21X) Inmovilizado material.	XXX
XXX	(281) A. A. del inmovilizado material	a/	

Las permutas

Las permutas surgen al cambiar un activo por otro, pudiendo ser comerciales o no comerciales.

Cuando hablamos de permutas no comerciales, nos referimos al intercambio de activos similares, el cual no contempla beneficios considerables, pero si tiene la posibilidad de obtener unas pérdidas, siendo estas recogidas en la cuenta (671) Pérdidas procedentes del inmovilizado material, llevándolo al resultado del ejercicio. Su valoración será:

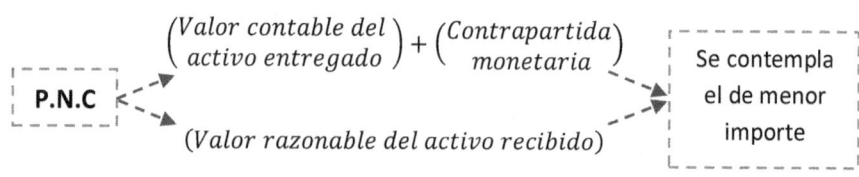

$$P.N.C \begin{cases} \left(\begin{array}{l}\text{Valor contable del} \\ \text{activo entregado}\end{array}\right) + \left(\begin{array}{l}\text{Contrapartida} \\ \text{monetaria}\end{array}\right) \\ \left(\text{Valor razonable del activo recibido}\right) \end{cases}$$

Se contempla el de menor importe

Emilio Arroyo Roig

Cuando hablamos de permutas comerciales, nos referimos al intercambio de activos distintos, el cual contempla pérdidas o beneficios, siendo recogidos en las cuentas (671) Pérdidas procedentes del inmovilizado material y (771) Beneficios procedentes del inmovilizado material, llevándolos al resultado del ejercicio. Su valoración será:

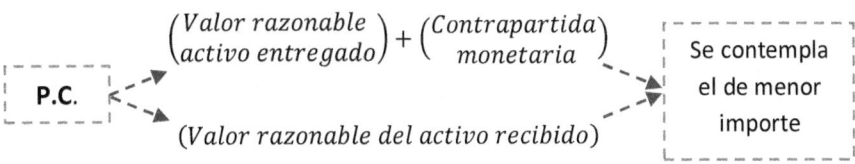

$$\text{P.C.} \quad \begin{cases} \begin{pmatrix} Valor\ razonable \\ activo\ entregado \end{pmatrix} + \begin{pmatrix} Contrapartida \\ monetaria \end{pmatrix} \\ (Valor\ razonable\ del\ activo\ recibido) \end{cases} \rightarrow \boxed{\begin{array}{c} \text{Se contempla} \\ \text{el de menor} \\ \text{importe} \end{array}}$$

El IVA se soportará por el bien recibido y se repercutirá por el bien entregado, no pudiendo compensar las bases imponibles, por lo tanto las diferencias irán a las cuentas de tesorería.

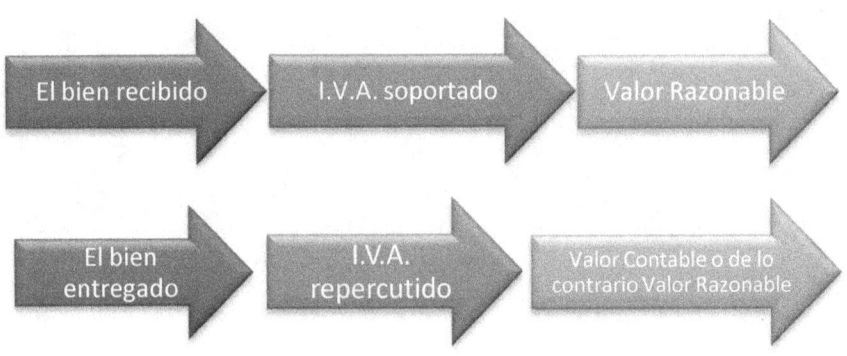

El funcionamiento de las cuentas:

Tenemos un ordenador cuyo precio de adquisición es de 9.000€ y su amortización es de 4.000€, que se permuta por un coche. Contabiliza la operación según:

a) El valor razonable del coche es de 6.000€.
b) El valor razonable del ordenador es de 8.000€ y el del coche es de 7.500€.
c) El valor razonable del ordenador es de 8.000€ y entregamos 1.500€ en efectivo.

II Grado de finanzas y contabilidad
Estudios realizados en la Universidad de Valencia

Debe	Diario	Haber
	1 ———————— **Supuesto A** ————————	
6.000	(218) Elementos de trans- a/ (217) E.P.I.	9.000
	porte a/ (477) HP, IVA reper-	
	(472) HP, IVA soportado cutido	1.050
1.260	*(21% de 6.000)* *((9.000-4.000) · 21%)*	
4.000	(281) Amortización acu- a/ (771) Beneficios pro-	1.000
	mulada del inmovilizado cedentes del inmovili-	
	material zado material	
	a/ (571) Caja €	210

Debe	Diario	Haber
	1 ———————— **Supuesto B** ————————	
7.500	(218) Elementos de a/ (217) E.P.I.	9.000
	transporte a/ (477) HP, IVA	1.050
1.575	(472) HP, IVA so- repercutido	
	portado *((9.000-4.000) ·*	
	(21% de 7.500) *21%)*	
4.000	(281) Amortización a/ (771) Beneficios	2.500
	acumulada del procedentes del	
	inmovilizado mate- inmovilizado	
	rial material	
	a/ (572) caja	525

Debe	Diario	Haber
	1 ———————— **Supuesto C**————————	
9.500	(218) Elementos de a/ (217) E.P.I.	9.000
	transporte a/ (477) HP, IVA reper-	1.050
	(8.000 + 1.500) cutido	
1.995	(472) HP, IVA soporta- *((9.000-4.000) · 21%)*	
	do a/ (771) Beneficios	4.500
	(21% de 9.500) procedentes del	
4.000	(281) Amortización inmovilizado material	
	acumulada del inmovi- a/ (571) Caja €	945
	lizado material	

~ 42 ~

El arrendamiento

El arrendamiento es cualquier acuerdo por el que el arrendador cede al arrendatario, a cambio de percibir una suma única de dinero o una serie de pagos (cuotas), el derecho a utilizar un activo durante un periodo de tiempo determinado. Existen dos tipos de arrendamientos:

- *Arrendamiento financiero:* surge cuando transfiere los riesgos y beneficios del activo, por lo tanto el bien entra a formar parte del valor de la empresa.
- *Arrendamiento operativo:* surge cuando no se transfieren los riesgos ni los beneficios del activo, pero si su uso y disfrute. Es el alquiler de un bien considerado como común.

Arrendamiento financiero (leassing):

Es un acuerdo de arrendamiento de un activo con opción a compra, transmitiéndole los riesgos y beneficios inherentes de dicho activo. El valor del bien se calcula el día de la opción de compra, siendo el valor del bien mayor que la opción de compra.

Valor contable = Precio adquisición – Amortización – Deterioro

El bien arrendado se da de alta como inmovilizado material o intangible, siendo su valor el precio de la adquisición más la opción de compra. Los pagos directos iniciales del arrendatario deberán considerarse como un mayor valor del bien. La anualidad será la suma de los intereses más la amortización y el IVA solo se calcula en la anualidad, aplicándose año a año en las cuotas.

Las cuentas relacionadas son:

- *(174)* Acreedores por arrendamiento financiero a l/p.
- *(524)* Acreedores por arrendamiento financiero a c/p.
- *(528)* Intereses a c/p de deuda.

- (662) Intereses de deuda.

La cuenta "528" se considera una cuenta transitoria, ya que se emplea para periodificar los intereses de un ejercicio contable a otro. Esta cuenta puede ir a balance, por lo tanto nos ayuda a imputar los intereses en el ejercicio contable correspondiente.

El funcionamiento de las cuentas:

El 1 de enero del año 8 se concierta un contrato de arrendamiento financiero con las siguientes cantidades:

- Un camión valorado en 300.000€.
- Dos pagos anuales de 139.359,22€ y opción de compra 50.000€.
- Una vida útil de 5 años.
- Valor residual 0.
- I.V.A. 21%.

Periodo	Amortización	Intereses	Anualidad	Capital pendiente
01-01-08	-------------	----------	-------------	300.000€
31-12-08	121.359,22€	18.000€	139.359,22€	178.640,78€
31-12-09	126.640,78€	12.718,44€	139.359,22€	50.000€
Totales	250.000€	30.718,45€	278.718,44€	-------------

Debe	Diario	Haber
300.000	1 ——————— 01-01-08 ——————— (218) Elementos de transporte a/ (524) Acreedores por arrendamiento financiero a c/p	121.359,22
	a/ (174) Acreedores por arrendamiento financiero a l/p	178.640,78

Emilio Arroyo Roig

121.359,22	2 ——————— **31-12-08** ——————— (524) Acreedores a/ (572) Banco c/c por arrendamiento financiero a c/p		168.624,65
18.000	(662) Intereses de deudas		
29.265,43	(472) HP, IVA so- portado		
178.640,78	3 ——————— **31-12-08** ——————— (174) Acreedores a/ (524) Acreedores por arrendamien- por arrendamien- to financiero a to financiero a l/p c/p		178.640,78
60.000	4 ——————— **31-12-08** ——————— (681) Amortización a/ (281) Amortización del inmovilizado acumulada del material inmovilizado mate- $(300.000/5 =$ rial $60.000)$		60.000
178.640,78	5 ——————— **31-12-09** ——————— (524) Acreedores a/ (572) Banco c/c por arrendamiento financiero a c/p		231.544,65
12.718,44	(662) Intereses de deudas		
40.185,43	(472) HP, IVA so- portado		
60.000	6 ——————— **31-12-09** ——————— (681) Amortización a/ (281) Amortización del inmovilizado acumulada del in- material movilizado material		60.000

45

Arrendamiento operativo:

Para el caso de microempresas, el arrendamiento financiero se puede realizar como si fuese un arrendamiento operativo, siempre que no tenga por objeto terrenos, solares u otros activos no amortizables.

Las cuentas relacionadas son:

- (621) Arrendamientos y cánones.
- (4751) H. P. Acreedora por retenciones practicadas.

El funcionamiento de las cuentas:

Debe	Diario		Haber
	1 ———————— **00-00-00** ————————		
XXX	(621) Arrendamientos y cánones.	a/ (4751) H.P. Acreedora por retenciones practicadas.	XXX
XXX	(472) H.P. IVA soportado.	a/ (572) Bancos c/c	XXX

Venta con posterior arrendamiento financiero (Leassing-Black):

Consta de vender un activo de la empresa a una entidad financiera para posteriormente este la ceda en régimen de alquiler. Se considera una opción de préstamo o de obtención de liquidez, consiguiendo una cantidad de capital líquido para después pagar unas cuotas.

En estos casos, lo lógico sería dar de baja el activo en cuestión para posteriormente volverlo a dar de alta en la empresa como arrendamiento financiero. Todo este proceso se puede simplificar, diciendo que el dinero entrante en la empresa procede de un arrendamiento financiero y al finalizar el ejercicio se explicaría en la memoria de la empresa.

Esto no variará la calificación del activo, además tampoco reconocerá un beneficio o una pérdida en la transacción y las cuotas tendrán el mismo funcionamiento que un arrendamiento financiero común. La amortización del activo se realizará siguiendo su forma original, no registrando dicha amortización dos veces.

El funcionamiento de las cuentas:

Debe	Diario			Haber
XXX	1 ———————— **00-00-00** ———————— (572) Bancos C/C.	a/	(524) Acreedores por arrendamiento financiero C/P.	XXX
		a/	(174) Acreedores por arrendamiento financiero L/P	XXX

Inmovilizado intangible

Son los elementos no monetarios controlados por la empresa, los cuales no tienen apariencia física y son susceptibles a variaciones económicas. Estos tienen una vida útil indefinida y se espera que contribuyan a generar beneficios durante más de un ejercicio económico.

Para su reconocimiento se debe cumplir con el criterio de identificabilidad, es decir, debe de cumplirse uno de los dos requisitos siguientes:

- Debe ser susceptible de ser separable de la empresa y vendido, cedido, entregado para su explotación, arrendado o intercambiado.
- Que surjan derechos legales o contractuales, con independencia de que tales derechos sean transferibles o separables de la empresa.

Investigación y desarrollo:

La investigación es la indagación original y planificada que persigue descubrir nuevos conocimientos. El desarrollo es la aplicación concreta de los logros obtenidos en dicha investigación hasta que se inicia la producción comercial.

Cuando existan dudas razonables sobre el éxito o la rentabilidad económico-comercial del proyecto, los importes registrados deberán imputarse directamente a la cuenta de pérdidas y ganancias del ejercicio. Una vez se vea viable tanto el caso de la investigación como el caso del desarrollo, se pueden activar dichos proyectos para posteriormente amortizar (con un máximo de cinco años) los gastos que estos generan.

El funcionamiento de las cuentas:

Debe	Diario		Haber
	1 ——————— 00-00-00 ———		
3.000	(640) Sueldos y salarios.	a/ (572) Bancos C/C.	14.000
10.000	(600) Compras de mercaderías.		
1.000	(620 Gastos en I+D del ejercicio.		
	2——————— 00-00-00 ———		
14.000	(200/201) Investigación / Desarrollo.	a/ (730) Trabajos realizados para el inmovilizado intangible.	14.000

Propiedad industrial:

Es el importe satisfecho por la propiedad, el derecho al uso o la concesión del uso de las distintas manifestaciones de la propiedad industrial.

Esta cuenta corresponde a los gastos de desarrollo cuando los proyectos fuesen viables. Se valorará por el importe de los gastos de desarrollo capitalizados (menos la parte que ya se ha amortizado como desarrollo, es decir, solo lo que quede por amortizar de la cuenta de desarrollo) cuando se obtenga la correspondiente patente. Además, se incluirá el coste del registro, los gastos de formalización de la propiedad industrial y las adquisiciones de terceros.

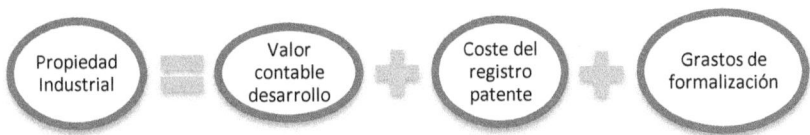

Se amortizará según la vida útil estimada de la propiedad industrial el cual se espera que pueda generar rendimientos.

El funcionamiento de las cuentas:

Debe	Diario	Haber
9.400	1 ——————— 00-00-00 ——————— (203) Propiedad Industrial. a/ (572) Banco C/C. a/ (201) Desarrollo.	1.000 14.000
5.600	(280) Amortización acumulada del inmovilizado intangible.	

3º Instrumentos financieros; activos financieros

Los instrumentos financieros son los contratos que dan lugar a los activos financieros de la empresa y de forma simultánea, también dan lugar a un pasivo financiero de otra empresa.

Se entiende como activo financiero cualquier título valor u otra forma cualquiera de representar la deuda o participación patrimonial en una sociedad. Primero se valorará por el valor razonable más el coste de transacción y posteriormente se valorará por su valor razonable.

Existen tres tipos de valoración de los títulos valor empleados para la compra, la actualización al finalizar el ejercicio y para la venta o enajenación:

- *Nominal:* se trata del valor de la acción en el momento de su emisión.
- *Mercado:* se trata del valor de la acción que cotiza en bolsa.
- *Efectivo:* se trata del valor de la acción al que compras o vendes.

La diferencia que existe entre una acción y una obligación, es que con una acción de una empresa te conviertes en socio, formando parte de la empresa y cuando adquieres una obligación, estas prestando dinero a la empresa a cambio de unos beneficios o pérdidas durante un determinado periodo de tiempo, al finalizar dicho periodo la obligación será devuelta.

Cuando se ceden los recursos financieros de la empresa se pretende conseguir:

- Incrementar la riqueza por medio de rendimientos productivos, es decir, dividendos e intereses.
- Incrementar la riqueza mediante un aumento de valor de la inversión, es decir, plusvalías.
- Obtener el control o participar en el negocio de otra empresa.
- Reducir el riesgo del mercado de otras inversiones financieras.

Una vez reconocido el activo financiero en el balance de la empresa, se puede clasificar en las siguientes categorías dependiendo su valoración:

- Prestamos y partidas a cobrar.
- Inversiones mantenidas hasta el vencimiento.
- Activos financieros mantenidos para negociar.
- Inversiones en el patrimonio en empresas de grupo, multigrupo y asociadas.
- Activos financieros disponibles para la venta.

Las cuentas relacionadas con estos activos financieros son:

- *(250/540)* Inversiones financieras a l.p./c.p. en instrumentos de patrimonio.
- *(251/541)* Valores representativos de deuda l.p./c.p.
- *(252/542)* Créditos a l.p./c.p.
- *(258/548)* Imposiciones a l.p./c.p.

Las cuentas relacionadas con los derechos de cobro en los activos financieros y las cuentas relacionada con los ingresos en la cuenta de pérdidas y ganancias son:

- *(545)* Dividendos a cobrar.
- *(546)* Intereses a corto plazo de valores representativos de deuda.
- *(547)* Intereses a corto plazo de créditos.
- *(760)* Ingresos de participaciones en instrumentos de patrimonio.
- *(761)* Ingresos de valores representativos de deuda.
- *(762)* Ingresos de créditos.
- *(769)* Otros ingresos financieros.

Todos intereses o cobros de dividendos pueden tener retenciones fiscales, el cual se apunta en la cuenta "473" Hacienda Pública retenciones y pagos a cuenta.

Clasificación de los activos financieros

Inversiones mantenidas hasta el vencimiento:

Se trata de los valores representativos de deuda que poseen una fecha de vencimiento fijada, además recibe cobros con una cuantía determinada y la empresa debe tener intención y capacidad de mantenerlas hasta el vencimiento.

El valor inicial de este tipo de activos financieros se realiza por su valor razonable, es decir, por la contraprestación entregada más los coste ocasionados por la transacción.

Su valor posterior se realizará mediante coste amortizado, es decir, los intereses devengados se contabilizarán en la cuenta de pérdidas y ganancias mediante el Tipo de Interés Efectivo (T.I.E.). se calcula periodo a periodo añadiendo valor a la cuenta para efectuar los intereses del siguiente periodo.

Al finalizar el ejercicio, se deberá efectuar las correlaciones valorativas ocasionadas por los deterioros de valor, además se debe imputar la parte de los intereses que pertenecen a dicho ejercicio mediante la cuenta "546" Intereses a corto plazo de valores representativos de deuda.

El funcionamiento de las cuentas:

Se compra 1.000 participaciones de una inversión a fecha 01-01-X1 con vencimiento a dos años, cuyo valor nominal de la inversión es de 10€ por unidad. Se abonará un cupón al finalizar el ejercicio de cada año con un interés del 5% anual. Al vencimiento de la inversión se devolverá dicha inversión con una prima de recibo de 1.000€. El tipo de interés efectivo aproximado es del 10%.

Su valor inicial:

Debe	Diario		Haber
	——————— 01-01-x1 ———————		
10.000	(251) Valores representativo de deuda a L./P.	a/ (572) Banco C/C.	10.000

Su valoración posterior:

Debe	Diario		Haber
	——————— 31-12-X1 ———————		
1.000	(546) Intereses c/p valores representativos de deuda.	a/ (761) Ingreso de valores representativos de deuda.	1.000
	——————— 31-12-X1 ———————		
500 500	(572) Banco C/C. (251) Valores representativos de deuda a L./p.	a/ (546) Intereses c/p valores representativos de deuda.	1.000

Debe	Diario		Haber
	——————— 31-12-X1 ———————		
10.500	(541) Valores representativo de deuda a C./P.	a/ (251) Valores representativos de deuda a L./P.	10.500

Debe	Diario		Haber
	——————— 31-12-X2 ———————		
1.000	(546Intereses a c/p valores representativos de deuda.	a/ (761) Ingreso de valores representativos de deuda.	1.000

	—————— 31-12-X1 ——————		
500	(572) Banco C/C.	a/ (546) Intereses c/p	1.000
500	(251) Valores repre-	valores representa-	
	sentativos de deuda	tivos de deuda.	
	a L./p.		
	—————— 31-12-X2 ——————		
11.000	(572) Banco C/C.	a/ (541) Valores repre-	11.000
		sentativos de deuda	
		C./P.	

Mantenidas para negociar:

Se trata de los activos financieros que se adquieren para venderlos en el corto plazo, es decir, que pasan a formar parte de una cartera de inversión con el objetivo de especular en el corto plazo.

También se consideran activos mantenidos para negociar los instrumentos financieros derivados que no posean garantías financieras, es decir, que su valor dependa de otro activo financiero o de un índice.

Su valoración inicial se realizará por su valor razonable, es decir, por a contraprestación entregada más el valor de los derechos de suscripción, quedando excluidos los costes de transacción, puesto que se consideran gastos del ejercicio imputándose en la cuenta de pérdidas y ganancias. Siendo el único que los gastos los contabiliza a parte de los activos financieros.

Al finalizar el año se asume o se regularizan los valores de los activos mediante las cuentas "763" y "663" pérdidas o beneficios por valoración de instrumentos financieros por su valor razonable.

Revalorización:

Debe	Diario			Haber
	00-00-00			
xxx	(251/541) Valores representativo de deuda a L/p o C/p.	a/	(763) Bº por valor de activos y pasivos financieros por su valor razonable.	xxx

Depreciación:

Debe	Diario			Haber
	00-00-00			
xxx	(663) Pº de valor por activos y pasivos financieros por su valor razonable.	a/	(251/541) Valores representativos de deuda a L/p o C/p.	xxx

Siempre que se anuncie el cobro de un dividendo, este se debe imputar mediante un ingreso en la cuenta transitoria "545" Dividendos a cobrar, hasta que dicho dividendo se cobre, el cual se anulará. Esto sucede a causa del principio de devengo.

Inversiones en empresas grupo y asociadas:

Se consideran empresas de grupo aquellas controladas por una empresa matriz que tienen normalmente la mayoría de los derechos de votos. Por lo tanto si la empresa "A" invierte en una empresa "B" con más de un

50%, la empresa "A" se denomina empresa matriz y la empresa "B" se denomina empresa filial, considerándose el conjunto (matriz y filial) empresa de grupo.

Se consideran empresas multigrupo aquellas que están gestionadas por una empresa de grupo y otras personas o entidades ajenas al grupo.

Se consideran empresas asociadas aquellas en que la sociedad de grupo ejerce influencia sobre su gestión, es decir, que la influencia sea aproximadamente un 20% de los votos para empresas en general o un 3% aproximado para empresas cotizadas.

En este tipo de inversiones, su valoración inicial será equivalente al coste de la inversión, es decir, la contraprestación entregada, los costes de transacción más los derechos de suscripción. Además, al finalizar el ejercicio económico se debe efectuar las correcciones valorativas por el deterioro de valor.

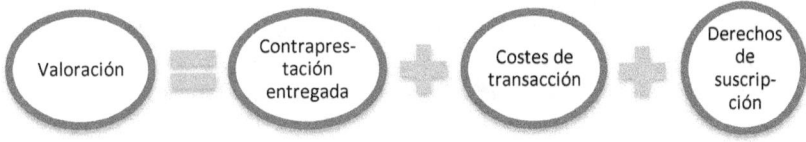

Disponibles para la venta:

Se trata de aquellos instrumentos de patrimonio que no se han clasificado en alguna de las anteriores categorías, en el cual no hay un propósito de venta en el corto plazo.

Este tipo de inversiones no existe en las pymes, ya que pertenecen a las cuentas de los grupos 8 y 9 del plan general contable (P.G.C.), imputándose en el patrimonio neto de la empresa.

Las cuentas relacionadas son:

- (251) Valores representativos de deuda a l./p.

- (541) Valores representativos de deuda c.p.
- (766) Beneficios por valores representativos de deuda.
- (666) Perdidas por valores representativos de deuda.

Las cuentas de transición son:

- (900) Beneficios en activos financieros disponibles para la venta.
- (800) Perdidas en activos financieros disponibles para la venta.
- (133) Ajustes por valoraciones en activos financieros disponibles para la venta.
- (802) Transferencias de beneficios en activos financieros disponibles para la venta.
- (902) Transferencias de pérdidas en activos financieros disponibles para la venta.

Su valoración inicial se realizará por su valor razonable, es decir, por la contraprestación entregada, los costes de transacción más los derechos de suscripción. Posteriormente se valorará por su valor razonable, imputándose en el patrimonio neto las variaciones. Estas variaciones se traspasarán a la cuenta de pérdidas y ganancias cuando el activo financiero cause baja del balance o se deteriore. Todos los deterioros de valor deben efectuarse al cierre del ejercicio.

Revalorización:

Debe	Diario		Haber
	——— 00-00-00 ———		
xxx	(251/541) Valores representativos de deuda a L/p o C/p.	a/ (900) Bº en activos financieros disponibles para la venta.	xxx
	——— 00-00-00 ———		
xxx	(900) Bº en activos financieros disponibles para la venta.	a/ (133) Ajustes por valoración en activos financieros disponibles para la venta.	xxx

Depreciación:

Debe	Diario			Haber
xxx	(800) Pº en activos financieros disponibles para la venta.	**00-00-00** a/	(251/541) Valores representativos de deuda a L/p o C/p.	xxx
xxx	(133) Ajustes por valoración en activos financieros disponibles para la venta.	**00-00-00** a/	(800) Pº en activos financieros disponibles para la venta.	xxx

Derecho de suscripción preferente

Este derecho surge en las ampliaciones de capital de las empresa con acciones. Su objetivo es evitar el efecto dilución de la participación de los accionistas en la empresa, es decir, da la posibilidad de no perder la participación en el accionariado de la empresa en las ampliaciones de capital, manteniendo su poder en la empresa.

Por lo tanto en cada ampliación de capital de la empresa se debe añadir la prima de suscripción para equilibrar el capital real de la empresa. Para conocer el valor real de la prima de suscripción, es decir, el valor de los derechos de suscripción se debe realizar la siguiente fórmula:

$$d = \frac{n(C - E)}{n + a}$$

Donde:

- *n:* número de acciones nuevas.
- *a:* número de acciones antigua.
- *C:* capital por acción antes de la ampliación.
- *E:* capital nominal de la acción emitido.

Para un mismo proceso, todas las leyendas aparecen constantes, salvo "C", el cual puede variar dependiendo el resultado que busquemos (el valor real de cada derecho de suscripción por su coste, el valor real de cada derechos de suscripción por el valor de la acción en tu contabilidad y el valor real de cada derecho de suscripción por el valor de cotización en el mercado de las acciones de la empresa).

El valor razonable de los derechos de suscripción pueden variar respecto a su valor real dependiendo del interés que generen en el mercado.

Cuando surge un deterioro de las acciones de tu contabilidad, para calcular nuevamente el valor real de los derechos de suscripción que te pertenecen, se debe hacer una regla de tres para saber en qué medida afecta ese deterioro de las acciones a los derechos de suscripción.

El funcionamiento de las cuentas:

Una sociedad anónima "A" amplia su capital entregando por cada 4 acciones antiguas una nueva a la par. Los títulos antes de la ampliación cotizaban a 27,05 € y al igual que los nuevos tienen un valor nominal de 6 euros.

La sociedad anónima "B", empresa de grupo, posee 400 acciones de la empresa "A" adquiridas a 24,04 €.

Calcula el valor teórico de del derechos de suscripción, el coste del derecho de suscripción y contabiliza los siguientes supuestos:

- Vende los derechos de suscripción a 4,36 €.
- Suscribe en la ampliación los derechos que le corresponden.
- Suscribe 150 acciones , siendo el precio del derecho de suscripción de 3,67 €.

El valor teórico del derecho de suscripción:

$$d = \frac{1(27,05 - 6)}{1 + 4} = 4,21 €$$

El valor del coste del derecho de suscripción para la empresa que lo recibe:

$$d_{cte} = \frac{1(24,04 - 6)}{1 + 4} = 3,608 €$$

Contabiliza la venta de derechos de suscripción:

Debe	Diario		Haber
	———————— **00-00-00** ————————		
1.744	(572) Banco C/C.	a/ (2403) Participaciones a L/p en empresas de grupo (400·3,608)	1.444
		a/ (7733) Bº procedentes de participaciones L/p en empresas de grupo.	300

Suscribe en la ampliación los títulos que le corresponden:

Debe	Diario		Haber
	———————— **00-00-00** ————————		
600	(2403) Participaciones a L/p en empresas de grupo. (100*6€)	a/ (572) Banco C/C	600

Suscribe 150 acciones con un precio de derecho de suscripción a 3,67 €.

Debe	Diario	Haber
1.634	**00-00-00** (2403) Participaciones a L/p en empresas de grupo. a/ (572) Banco C/C (150*6) + (200*3,67)	1.634

Baja de los activos financieros

Los activos financieros se darán de baja cuando la empresa ceda el control del activo y transfiera a un tercero sus riesgos y beneficios. Si la empresa que cede el activo financiero sigue manteniendo el control de dicho activo, no se considera dado de baja y se reconocerá como un pasivo asociado, es decir, como un descuento de efectos.

Con la venta de acciones puedes tener unos beneficios (plusvalías) o unas pérdidas (minusvalías). Los gastos asociados de la venta de los activos financieros, se considera como un menor valor de la plusvalía o mayor valor de la minusvalía de la inversión.

Las cuentas relacionadas con la baja o enajenación de los activos financieros son:

- (766) Beneficios en participaciones y valores representativos de deuda.
- (666) Pérdidas en participaciones y valores representativos de deuda.
- (6632) Pérdida de activos financieros disponibles para la venta.
- (7632) Beneficio de activos financieros disponibles para la venta.
- (902) Transferencias de pérdidas en activos financieros disponibles para la venta.
- (802) Transferencias de beneficios en activos financieros disponibles para la venta.

- (133) Ajustes por valoración en activos financieros disponibles para la venta.

El funcionamiento de las cuentas:

Unas sociedad dispone de un paquete de 1.000 acciones valoradas en 6.000€. Vende el 50% de su cartera por un valor de 2.500€. Pasado 6 meses vende el resto de su cartera por 3.600€. Los gastos de gestión en ambas operaciones son de 100€.

Debe	Diario		Haber
	———— **01-01-00** ————		
2.400 600	(572) Banco C/C. (666) Pº en participaciones y valores representativos de deuda.	a/	(540) Inversiones financieras a C/p en instrumentos de patrimonio.	3.000
	———— **01-06-00** ————		
3.500	(572) Banco C/C.	a/	(540) Inversiones financieras a C/p en instrumentos de patrimonio.	3.000
		a/	(766) Bº en participaciones y valores representativos de deuda.	500

Los activos financieros disponibles para la venta, actúan de un modo diferente, por el hecho de no pertenecer al plan general de pymes. En estos casos entran en juego los grupos 8 y 9 afectando al patrimonio neto.

263

Pérdidas:

Debe	Diario		Haber
	00-00-00		
xxx	(6632) Pérdidas de activos financieros disponibles para la venta	a/ (902) Transferencias de pérdidas en activos financieros disponibles para la venta.	xxx
	00-00-00		
xxx	(902) Transferencias de pérdidas en activos financieros disponibles para la venta.	a/ (133) Ajustes por valoración en activos financieros disponibles para la venta.	xxx

Beneficios:

Debe	Diario		Haber
	00-00-00		
xxx	(802) Transferencias de beneficios en activos financieros disponibles para la venta	a/ (7632) Beneficios de activos financieros disponibles para la venta.	xxx
	00-00-00		
xxx	(133) Ajustes por valoración en activos financieros disponibles para la venta.	a/ (802) Transferencias de beneficios en activos financieros disponibles para la venta	xxx

4º Instrumentos financieros; pasivos financieros

Los pasivos financieros son aquellos instrumentos financieros emitidos que supongan para la empresa una obligación de pago, ya sea por la entrega de efectivo o por otro activo financiero. Las cuentas se recogen en el grupo uno para las operaciones a largo plazo y en el grupo cinco para las operaciones a corto plazo.

Los pasivos financieros se clasifican por:

- *Débitos y partidas a pagar:* se trata de los créditos de operaciones comerciales y no comerciales.
- *Pasivos mantenidos para negociar:* se trata de aquellos que forman una cartera con varios pasivos financieros.
- *Otros pasivos a su valor razonable con cambios en la cuenta de pérdidas y ganancias:* tienen la misma actuación de los pasivos mantenidos para negociar .

Débitos y partidas a pagar por operaciones no comerciales

Se trata de los créditos y préstamos no comerciales que son recibidos por la empresa y no están destinados a la comercialización de las mercancías con los proveedores.

Podemos diferenciar entre préstamo y crédito, siendo el préstamo cuando la entidad financiera entrega una cantidad fija al cliente y este tiene la obligación de devolver dicha cantidad más los intereses y comisiones pactadas previamente. En cambio, en el crédito, la entidad financiera ofrece una cantidad limitada cobrándose los intereses por el capital usado.

Las cuentas relacionadas con los préstamos recibidos son:

- (170) Deudas a largo plazo con entidades de crédito.
- (520) Deudas a corto plazo con entidades de crédito.
- (171) Deudas a largo plazo.
- (521) Deudas a corto plazo.
- (177) Obligaciones y bonos.

- (500) Obligaciones y bonos a corto plazo.
- (178) Obligaciones y bonos convertibles.
- (501) Obligaciones y bonos convertibles a corto plazo.
- (527) Intereses a corto plazo de deuda con entidades de crédito.
- (528) Intereses a corto plazo de deuda.
- (506) Intereses a corto plazo de empréstitos y otras emisiones análogas.
- (662) Intereses de deuda.
- (661) Intereses de obligaciones y bonos.

La deuda se puede valorar por su valor nominal si el contrato se realiza a menos de un año y no tiene un interés explicito. Además, las pymes también pueden realizar ese método imputando los gastos a la cuenta de pérdidas y ganancias. Este sistema perjudica al resultado, ya que se imputan gastos de la apertura al resultado del ejercicio del primer año, los cuales se deberían repartir durante la vigencia del préstamo.

Salvo los casos anteriores mencionados, las operaciones de crédito no comerciales se deben realizar como valoración inicial por el coste amortizado, es decir, se imputan los gastos mediante el Tipo de Interés Efectivo (T.I.E.), siendo el gasto menor valor de la deuda.

A la hora de realizar un préstamo con el banco, este nos entrega un cuadro de amortizaciones, el cual no nos sirve para la contabilidad de la empresa, teniendo que realizar otra tabla de amortizaciones.

En nuestra tabla a desarrollar descontaremos al capital pendiente los gastos ocasionados por la concesión del préstamo, añadiremos una columna más para las diferencias de los intereses y los intereses se calcularán con el interés efectivo en vez del T.A.E. o el nominal.

Cuadro de amortizaciones jurídico (entregado por el banco):

Periodos	Anualidades	Cuota de interés	Cuota de amortización	Capital pendiente

Cuadro de amortizaciones económico (realizado por la empresa):

Periodos	Pagos	Coste financiero	Cuota de amortización	Capital pendiente	Diferencia de intereses

Para calcular la anualidad se debe aplicar la siguiente fórmula:

$$Anualidad = \frac{Capital\ pendiente}{\dfrac{1-(1+i)^{-n}}{i}}$$

El funcionamiento de las cuentas:

El 01/01/08 la empresa recibió un préstamo del banco por importe de 100.000€, asumiendo unos gastos de formalización de 3.000€. El interés es del 6% TAE en cinco años con anualidades constantes.

La entidad financiera facilita el siguiente cuadro de amortizaciones:

Periodos	Anualidades	Cuota de interés	Cuota de amortización	Capital pendiente
0				100.000€
1	23.739,64€	6.000€	17.739,64€	82.260,36€
2	23.739,64€	4.935€	18.804,64€	63.455,66€
3	23.739,64€	3.807€	19.932,64€	43.523,35€
4	23.739,64€	2.611€	21.128,64€	22.395,06€
5	23.739,64€	1.343,70€	22.395,94€	0€

Nosotros como empresa realizamos el siguiente cuadro de amortizaciones mediante la tasa de interese efectivo:

Periodos	Pagos	Coste financiero	Cuota de amortización	Capital pendiente
0				97.000,00€
1	23.739,64€	6.916,10€	16.823,54€	80.176,46€
2	23.739,64€	5.716,58€	18.023,06€	62.153,40€
3	23.739,64€	4.431,54€	19.308,10€	42.845,30€
4	23.739,64€	3.054,87€	20.684,13€	22.161,17€
5	23.739,64€	1.580,09€	22.159,55€	0€

Debe	Diario	Haber
97.000	1 —————— 01-01-08 —————— (572) Banco c/c a/ (5200) Préstamo c/p entidades de crédito	16.823,54
	a/ (170) Deudas l/p con entidades de crédito	80.176,46
6.916,10	2 —————— 31-12-08 —————— (662) Intereses de deuda a/ (527) Intereses c/p deudas entidades de crédito	6.000
	a/ (5200) Préstamo c/p con entidades de crédito	916,10
6.000	3 —————— 31-12-08 —————— (527) Intereses c/p deudas entidades de crédito a/ (572) Bancos c/c	23.739,64
17.739,64	(5200) Préstamo c/p entidades de crédito	

18.023,06	4 ——————— 31-12-08 ——————— (170) Deudas l/p con entidades de crédito	a/	(5200) Présta- mo c/p entida- des de crédito	18.023,06
5.716,58	5 ——————— 31-12-09 ——————— (662) Intereses de deuda	a/	(527) Intereses c/p deudas enti- dades de crédito	4.935
		a/	(5200) Préstamo c/p con entidades de crédito	781,58
4.935	6 ——————— 31-12-09 ——————— (527) Intereses c/p deudas enti- dades de crédito	a/	(572) Bancos c/c	23.739,64
18.804,64	(5200) Préstamo c/p entidades de crédito			
19.308,10	7 ——————— 31-12-09 ——————— (170) Deudas l/p con entidades de crédito	a/	(5200) Préstamo c/p entidades de crédito	19.308,10
4.431,54	8 ——————— 31-12-10 ——————— (662) Intereses de deuda	a/	(527) Intereses c/p deudas enti- dades de crédito	3.807
		a/	(5200) Préstamo c/p con entidades de crédito	624,54
3.807	9 ——————— 31-12-10 ——————— (527) Intereses c/p deudas enti- dades de crédito	a/	(572) Bancos c/c	23.739,64
19.932,64	(5200) Préstamo c/p entidades de crédito			

~ 69 ~

20.684,13	10 ——————— **31-12-10** —————— (170) Deudas l/p con entidades de crédito	a/	(5200) Préstamo c/p entidades de crédito	20.684,13
3.054,87	11 ——————— **31-12-11** —————— (662) Intereses de deuda	a/	(527) Intereses c/p deudas enti- dades de crédito	2.611
		a/	(5200) Préstamo c/p con entidades de crédito	443,87
2.611	12 ——————— **31-12-11** —————— (527) Intereses c/p deudas enti- dades de crédito	a/	(572) Bancos c/c	23.739,64
21.128,64	(5200) Préstamo c/p entidades de crédito			
22.159,55	13 ——————— **31-12-11**—————— (170) Deudas l/p con entidades de crédito	a/	(5200) Préstamo c/p entidades de crédito	22.159,55
1.580,09	14 ——————— **31-12-12** —————— (662) Intereses de deuda	a/	(527) Intereses c/p deudas enti- dades de crédito	1.343,70
		a/	(5200) Préstamo c/p entidades de crédito	236,39
1.343,70	15 ——————— **31-12-12**—————— (527) Intereses c/p deudas entidades de crédito	a/	(572) Bancos c/c	23.739,64
22.395,94	(5200) Préstamo c/p entidades de crédito			

5º Instrumentos financieros; instrumentos de patrimonio

Los instrumentos de patrimonio es aquella parte de los activos de la empresa que realmente pertenecen a los propietarios de esta y sobre los que no hay ninguna obligación de devolución ni de remuneración, es decir, se trata de los fondos propios y del patrimonio neto de la empresa.

El patrimonio neto es aquel que está libre de deudas, el cual se genera mediante los recursos que aportan los socios y los incrementos de beneficios que genera la empresa que no se han repartido entre los socios, estando estos retenidos en la empresa para su crecimiento.

Los recursos permanentes son la financiación básica de la empresa, compuesta por el patrimonio neto, los fondos propios y las deudas a largo plazo, los cuales se mantienen para financiar todos los activos no corrientes y parte de los activos corrientes (considerado el fondo de maniobra).

Constitución de las sociedades de capital

En la constitución de una sociedad de capital, los títulos que se emiten deben representar el activo de la empresa en su inicio. Para ello, la ley obliga a las sociedades anónimas un desembolso del capital de la empresa al menos del 25% sobre el nominal en el momento de otorgar la escritura de constitución.

La escritura pública de constitución de la empresa debe inscribirse con un plazo de dos meses desde su otorgamiento en el Registro Mercantil.

Los gastos ocasionados por la constitución de la empresa se imputan directamente sobre el patrimonio neto, registrándose en negativo en la cuenta "113" Reservas Voluntarias, consolidándose la empresa desde su inicio con una cuenta de reservas en negativo, a pesar de que los objetivos de los empresarios sea que el patrimonio neto crezca.

La constitución de la sociedad puede efectuarse mediante aportaciones dinerarias, se hayan o no desembolsado en su totalidad, o mediante aportaciones no dinerarias, pudiendo ser bienes o derechos de crédito.

71

Los pasos para la constitución de la sociedad son:

1. Se emiten las acciones o participaciones de la sociedad.
2. Se desembolsa el capital mínimo para su constitución.
3. Se inscribe la sociedad por las acciones emitidas, el cual puede dar lugar a una prima de emisión, siendo obligatorio el desembolso íntegro de la prima de emisión.

Las cuentas relacionadas son:

- *(100)* Capital social.
- *(101)* Fondo social.
- *(103)* Socios por desembolsos no exigidos.
- *(104)* Socios por aportaciones no dinerarias pendientes.
- *(110)* Prima de emisión o asunción.
- *(112)* Reserva legal.
- *(113)* Reservas voluntarias.
- *(190)* Acciones o participaciones emitidas.
- *(194)* Capital emitido pendiente de inscripción.
- *(558)* Socios por desembolsos exigidos.
- (5581) Socios por accionistas morosos.

El funcionamiento de las cuentas:

Se emiten las acciones o las participaciones de la sociedad.

Debe	Diario			Haber
	——————— 00-00-00 ———————			
xxx	(190) Acciones o participaciones emitidas.	a/	(194) Capital emitido pendiente de inscripción.	xxx
	——————— 00-00-00 ———————			
xxx	(572) Banco c/c.	a/	(190) Acciones o participaciones emitidas.	xxx
xxx	(213) Maquinaria.			xxx
xxx	(103) Socios por desembolsos no exigidos.			

xxx	(104) Socios por aportaciones no dinerarias endientes.	

Se inscribe la sociedad por las acciones emitidas en el Registro Mercantil:

Debe	Diario	Haber
	───────── 00-00-00 ─────────	
xxx	(194) Capital emitido pendiente de inscripción. a/ (100) Capital Social. a/ (110) Prima de emisión o asunción	xxx xxx

Cuando se produzcan los desembolsos pendientes de los socios monetarios y no monetarios (los dividendos pasivos):

Debe	Diario	Haber
	───────── 00-00-00 ─────────	
xxx	(558) Socios por desembolsos exigidos. a/ (103) Socios por desembolsos no exigidos. a/ (104) Socios por aportaciones no dinerarias endientes.	xxx xxx
	───────── 00-00-00 ─────────	
xxx xxx xxx	(572) Banco C/C. a/ (558) Socios por desembolsos exigidos. (210) Terrenos y bienes naturales. (211) Construcciones. (5581) Socios por accionistas morosos.	xxx

Los accionistas morosos

Los accionistas morosos son aquellos accionistas que a la hora de pagar por los desembolsos de capital pendientes estos no los abonan, provocando diversas situaciones en las cuales se ha de contabilizar.

Cuando esto sucede lo normal es llevar la situación a juicio, generando unos gastos judiciales que la empresa paga imputándolo en la cuenta de reservas voluntarias. Si finalmente el socio abona la deuda pendiente con la empresa, este deberá hacerse cargo de todos los gastos e intereses ocasionados.

En el caso que se tengan que anular las acciones del accionista moroso, se crearán dos cuentas nuevas "(098) Duplicado de acciones emitidas" y "(099) Acciones anuladas".

Si después del proceso anterior el accionista abona la deuda que tiene con la empresa, estas cuentas se saldarán anulando la deuda. Por el contrario, si no se regulariza la situación con dicho accionista, se debe reducir el capital y la prima de emisión para saldar dichas cuentas mediante el importe de las acciones adeudadas.

El funcionamiento de las cuentas:

Existe un accionista moroso por 10.000 acciones con un valor nominal de 5€ y una prima de emisión del 10%. Se lleva a juicio y la empresa opta por anular las acciones, el cual genera unos gastos de 500€.

Debe	Diario		Haber
	00-00-00		
55.000	(098) Duplicado de acciones emitidas. (10.000 · 5 · 1,10)	a/ (099) Acciones anuladas.	55.000
	00-00-00		
500	(113) Reservas voluntarias.	a/ (572) Banco C/C.	500

Finalmente el accionista paga su deuda, abonando también unos intereses de demora de 200€.

Debe	Diario		Haber
	─────── 00-00-00 ───────		
55.000	(572) Banco C/C.	a/ (098) Duplicado de acciones emitidas.	55.000
	─────── 00-00-00 ───────		
55.000	(099) Acciones anuladas.	a/ (5581) Socios accionistas morosos.	37.500
		(10.000 · 5 · 0,75)	
		a/ (113) Reservas voluntarias.	500
		a/ (769) Otros ingresos financieros.	200
		a/ (572) Banco C/C.	16.800

Finalmente el accionista no paga la deuda y la empresa decide reducir el capital en el importe de la deuda.

Debe	Diario		Haber
	─────── 00-00-00 ───────		
50.000	(100) Capital social. (10.000 · 5)	a/ (098) Duplicado de acciones emitidas.	55.000
5.000	(110) Prima de emisión o asunción.		
	─────── 00-00-00 ───────		
55.000	(099) Acciones anuladas.	a/ (5581) Socio accionistas morosos.	37.500
		a/ (113) Reservas voluntarias.	17.500

II Grado de finanzas y contabilidad
Estudios realizados en la Universidad de Valencia

La ampliación de capital

Consta de incrementar el patrimonio neto por una vía alternativa de la actividad de la empresa. El incremento puede ser por socios nuevos o mediante socios ya pertenecientes a la empresa. En el caso de que exista una prima de emisión, esta debe desembolsarse íntegramente.

La ampliación de capital se puede efectuar mediante aportaciones dinerarias, aportaciones no dinerarias o mediante compensaciones de crédito. Si la ampliación se realiza mediante acciones liberadas, es decir, los accionistas no tienen que desembolsar ninguna cantidad, la cual se cargará contra las reservas disponibles.

Siendo una sociedad limitada no existe limitación para cargar la cantidad de la ampliación en la cuenta de reservas legales, pero siendo una sociedad anónima solo se podrá coger la parte de las reservas legales que exceda del 10% del nuevo capital de la empresa.

La emisión de obligaciones convertibles

Se trata de un instrumento financiero con vencimiento fijado, dando la posibilidad de que a su vencimiento poder elegir si recuperar la inversión o canjearlas por acciones de la empresa. Se trata de una opción a elegir llegado el momento, no siendo obligatorio.

En el caso de ser un empréstito de obligaciones convertibles, parte de dicha inversión se irá al patrimonio neto y la otra parte al pasivo de la empresa. La empresa distribuirá el valor inicial conforme a los siguientes criterios:

- Se asignará a patrimonio neto la parte que exceda de una obligación convertible en diferencia al valor de la acción de la empresa, es decir, todo lo que exceda del valor de la acción de la empresa por bono u obligación a convertir.
- Los gastos de transacción se imputarán en la misma proporción en el valor del pasivo que en el valor del patrimonio neto

Se debe actualizar la emisión del empréstito más los intereses que se generan en su amortización al año actual mediante el factor de actualización $(1+i)^{-n}$, siendo "n" el número de periodos del emprestito que falta hasta su amortización total, quitando el efecto del dinero futuro, es decir, aplicando el valor actual neto (V.A.N.). posteriormente, dicho coste amortizado se debe capitalizar para imputar el interés del efecto del dinero que genera el empréstito o bono convertible al final de cada ejercicio económico, el cual se emplea el factor de capitalización $(1+i)^{+n}$, siendo "n" los años a capitalizar (por defecto 1) e "i" el tipo de interés efectivo "T.I.E.".

Los intereses que se generan se imputan en la cuenta "(661) Intereses de obligaciones y bonos". Parte de lo que se generan dichos intereses se contrarresta con la cuenta "(506) Intereses a corto plazo de empréstitos y otras emisiones análogas", siendo el importe equivalente al interés nominal del empréstito, y el resto se imputa como mayor valor del empréstito en las cuentas (501) y (178), ya sea corto plazo o a largo plazo.

Las cuentas relacionadas son:

- *(178)* Obligaciones y bonos convertibles.
- *(501)* Obligaciones y bonos convertibles a corto plazo.
- *(1110)* Patrimonio neto por emisión de instrumentos financieros compuestos.
- *(509)* Valores negociables amortizados.
- (661) Intereses de obligaciones y bonos.
- (506) Intereses a corto plazo de empréstitos y otras emisiones análogas.

El funcionamiento de las cuentas:

Debe	Diario		Haber
	00-00-00		
xxx	(572) Banco C/C	a/	(178) Obligaciones y bonos convertibles.	xxx
		a/	(1110) Patrimonio neto por emisión de instrumentos financieros compuestos.	xxx

Debe	Diario	Haber
	——— **00-00-00** ———	
xxx	(661) Intereses de obligaciones y bonos. a/	(506) Intereses a c/p de empréstitos y otras emisiones análogas.	xxx
	a/	(178) Obligaciones y bonos convertibles.	xxx

Reducción de capital

El objetivo de reducir el capital surge porque la empresa acumula pérdidas y el capital se desvincula del patrimonio neto de la empresa.

Al inicio del ejercicio de la empresa la cuenta "129" Resultado del ejercicio, debe quedar saldada. En el caso de que tuviese beneficios se repartirán entre los accionistas o se retiene para que la empresa crezca en las cuentas de reservas. Si por el contrario la cuenta tuviese pérdidas, dicho importe se traspasa a la cuenta "121" Resultados negativos de ejercicios anteriores, siendo saldo deudor en negativo para el patrimonio neto provocando una desvinculación con el capital de la empresa. Por lo tanto, si el patrimonio neto está por debajo del capital en 2/3 partes y no se ha recuperado transcurrido un ejercicio económico, el capital de la empresa se debe reducir.

Los acreedores de la empresa pueden oponerse a la reducción de capital, ya que si esta se formaliza tendrán menos posibilidades de cobrar la deuda, salvo que la reducción este obligada por ley como surge en el caso anterior, ocasionada por la desvinculación del patrimonio neto y el capital de la empresa.

Además para poder repartir dividendos entre los accionistas, las reservas legales deben alcanzar al menos el 10% del nuevo capital. De lo contrario, antes de repartir dividendos entre los accionistas se debe incrementar las reservas legales hasta alcanzar el porcentaje mínimo.

Negocios con acciones propias

Surge cuando la empresa compra y vende sus propias acciones, es decir, realiza transacciones con sus propios instrumentos de patrimonios registrándolo en el patrimonio neto, no siendo reconocido como activos financieros.

La enajenación de las acciones propias o la amortización de las acciones no puede dar lugar a beneficios ni pérdidas contempladas como tal, imputándose dichos importes en la cuenta de reservas voluntarias.

No se puede tener más de un 10% del capital propio sin reducir el capital durante un ejercicio económico. Los acreedores tienen el derecho a oponerse a la reducción de capital de la empresa con el objetivo de no disminuir sus posibilidades de cobrar por dicha reducción. Por ello, está protegido la descapitalización de la empresa. Estos, no pueden oponerse a la reducción del capital mediante la compra de acciones propias en los siguientes casos:

- Cuando exista desigualdad entre el patrimonio neto y el capital de la empresa, estando obligado por ley a la reducción de capital.
- Cuando se tenga por objeto la constitución o el incremento de las reservas legales.
- Cuando se haga con cargo a beneficios o reservas libres mediante la cuenta *"(1142) Reservas por capital amortizado"*, reduciendo el capital (mermando la capacidad de pagar) y bloqueando el importe en una reserva.

Cuando la reducción de capital es originada por la pérdida de un cliente moroso, se puede imputar en el resultado del ejercicio mediante la cuenta "(650) Pérdidas de créditos comerciales incobrables", ya que no se encuentra ocasionado por el capital de la empresa.

Las cuentas relacionadas son:

- (108) Acciones o participaciones propias en situaciones especiales.
- (109) Acciones o participaciones propias para reducir el capital.
- (113) Reservas voluntarias.

- (1142) Reservas por capital amortizado.

El funcionamiento de las cuentas:

Debe	Diario		Haber
	00-00-00		
xxx	(108) Acciones o participaciones propias en situaciones especiales.	a/ (572) Banco C/C.	xxx
	00-00-00		
xxx	(572) Banco C/C.	a/ (108) Acciones o participaciones propias en situaciones especiales.	xxx
xxx	(113) Reservas voluntarias (*como pérdidas*).	a/ (113) Reservas voluntarias (*como beneficios*).	xxx

Para el caso de una reducción de capital, el funcionamiento de las cuentas es el siguiente.

Debe	Diario		Haber
	00-00-00		
xxx	(109) Acciones o participaciones propias para reducir el capital.	a/ (572) Banco C/C.	xxx
	00-00-00		
xxx	(100) Capital Social	a/ (109) Acciones o participaciones propias para reducir el capital.	xxx
xxx	(113) Reservas voluntarias (*como pérdidas*).	a/ (113) Reservas voluntarias (*como beneficios*).	xxx

6º Subvenciones, donaciones y legados recibidos

Se trata de los importes, bienes y derechos de cobro que la empresa ha recibido por parte de la administración pública (donaciones), por entidades o particulares privados (donaciones) o por la trasmisión de sucesores (legados).

Estos importes, bienes y derechos de cobro pueden ser reintegrables o no, es decir, que han de ser devueltos o no a la entidad emisora.

- *Reintegrables:* si se ha de devolver, se considera como un préstamo, registrándose en el pasivo de la empresa hasta que adquiera la condición de no integrable.
- *No reintegrable:* si no se ha de devolver, actuará como un ingreso.

Las subvenciones, donaciones y legados pueden ofrecerse a causa de las pérdidas generadas de la empresa, ayudando a su correcto funcionamiento, destinado a evitar su cierre o para la compra de activos necesarios para la empresa. Podemos diferenciar dos tipos de objetivos a las que van destinadas las ayudas:

- *Las subvenciones para la explotación del ejercicio:* se trata de las ayudas destinadas a la explotación del ejercicio, la cual actúa como un ingreso, llevándola al resultado del ejercicio.
    - Para asegurar una rentabilidad mínima.
    - Para financiar gastos específicos.
    - Para la corrección por deterioro de existencias.
    - Para la corrección por deterioro de activos financieros.
    - Para cancelar deudas durante el ejercicio.
    - Cuando son importes monetarios sin finalidad alguna.
- *Las subvenciones de capital:* se trata de ayudas para la estructura fija de la empresa, donde cada año se imputa el gasto de forma proporcional mediante la amortización, imputándose año a año como un ingreso hasta que se liquide.

Por lo tanto las ayudas de capital actúan como un ingreso, pero estas no se imputan en el ejercicio cuando se adquiere, sino que se retiene en

una cuenta del patrimonio neto y se va imputando en forma de ingreso en el resultado del ejercicio conforme se va amortizando.

El tratamiento de estas cuentas para las pymes, ya que no contemplan los grupos 8 y 9, se saltan el paso de utilizar dichas cuentas, imputando en las cuentas "130", "131" y "132" directamente sobre el resultado del ejercicio.

La parte fiscal de las donaciones y legados, tributará en el ejercicio del año en el que se recibe la donación o el legado (no la subvención) aumentando la base imponible de dicho ejercicio. Posteriormente, se harán ajustes de dicha tributación para cada ejercicio en el que actúa.

En las cuentas de patrimonio, las subvenciones, donaciones y legados, deben de aparecer el importe limpio de impuestos, reduciendo las ganancias.

Las cuentas relacionadas son:

- *(740)* Subvenciones, donaciones y legados a la explotación.
- *(746)* Subvenciones, donaciones y legados de capital transferidos al resultado del ejercicio.
- *(747)* Otras subvenciones, donaciones y legados transferidos al resultado del ejercicio.
- *(130)* Subvenciones oficiales de capital.
- *(131)* Donaciones y legados de capital.
- *(132)* Otras subvenciones, donaciones y legados.
- *(4708)* Hacienda Pública, deudora por subvenciones concedidas.

Las cuentas relacionadas del grupo 8 y 9:

- (840) Transferencias de subvenciones oficiales de capital.
- (940) Ingresos de subvenciones oficiales de capital.
- (841) Trasferencias de donaciones y legados de capital.
- (941) Ingresos de donaciones y legados de capital.
- (842) Transferencias de otras subvenciones, donaciones y legados.
- (942) Ingresos de otras subvenciones, donaciones y legados.

Podemos observar para una subvención, como actúa su imputación en el resultado del ejercicio año a año a continuación:

- El Estado entrega una subvención libre de impuestos para adquirir una maquinaria por 100.000€, el cual queda retenido en una cuenta de patrimonio por ser de capital.
- La maquinaria se amortiza en 5 años de forma lineal y sin valor residual.

Concepto	Año 1	Año 2	Año 3	Año 4	Año 5
Amortización (actúa como gasto)	(20.000€)	(20.000€)	(20.000€)	(20.000€)	(20.000€)
Imputación de la subvención (actúa como ingreso)	20.000€	20.000€	20.000€	20.000€	20.000€
Saldo	0	0	0	0	0

El funcionamiento de las cuentas:

Debe	Diario		Haber
	——————— 00-00-00 ———————		
100.000	(4708) H.P., deudora por subvenciones concedidas	a/ (940) Ingresos de subvenciones oficiales de capital	100.000
	——————— 00-00-00 ———————		
100.000	(572) Banco C/C.	a/ (4708) H.P., deudora por subvenciones concedidas	100.000
	——————— 00-00-00 ———————		
100.000	(940) Ingresos de subvenciones oficiales de capital	a/ (130) Subvenciones oficiales de capital	100.000

Imputación al resultado:

Debe	Diario			Haber
	———— 00-00-00 ————			
20.000	(840) Transferencia de subvenciones oficiales de capital	a/	(746) Subvenciones, donaciones y legados transferidos al resultado del ejercicio	20.000
	———— 00-00-00 ————			
20.000	(130) Subvenciones oficiales de capital	a/	(840) Transferencia de subvenciones oficiales de capital	20.000

Para el caso de las pymes:

Debe	Diario			Haber
	———— 00-00-00 ————			
100.000	(4708) H.P., deudora por subvenciones concedidas	a/	(130) Subvenciones oficiales de capital	100.000
	———— 00-00-00 ————			
20.000	(130) Subvenciones oficiales de capital	a/	(746) Subvenciones, donaciones y legados transferidos al resultado del ejercicio	20.000

Emilio Arroyo Roig

7º Provisiones y contingencias

Las provisiones son obligaciones claramente especificadas en cuanto a su naturaleza, pero son indeterminadas en cuanto a su importe exacto o a la fecha exacta en que se producirán, por ello se trata de estimaciones. Si esta estimación resulta imposible, es decir, está condicionada a un hecho posterior, estamos ante una contingencia en la que se debe informar en la memoria, por ejemplo cuando se informa de una inspección y la empresa sabe que no está todo correcto, pero todavía no le han notificado la posible sanción. La contingencia se puede definir como el primer estado ante una provisión.

Existen diferentes tipos de provisiones, siendo las más comunes las siguientes:

- Provisiones para la retribución a largo plazo del personal.
- Provisiones para impuestos.
- Provisiones para otras responsabilidades.
- Provisiones por desmantelamientos.
- Provisiones para actuaciones medioambientales.
- Provisiones para restructuraciones.
- Provisiones para transacciones basadas en instrumentos bancarios.

En las provisiones, al cierre del ejercicio, se debe actualizar la estimación para imputar el efecto del interés del dinero cuando estas son a largo plazo y los ajustes de la actualización se deben imputar en el resultado del ejercicio como gastos financieros en la cuenta "660 Gastos financieros por actualización de provisiones".

La provisión para impuestos consta de importes estimados ocasionados por deudas tributarias, en las que si el tributo se paga a tiempo, es decir, durante el mismo ejercicio económico en el que se produce se imputa directamente en el resultado del ejercicio como tributo, en el caso de no pagar el tributo a tiempo, conlleva unos intereses de demora, los cuales se imputan en el resultado del ejercicio como intereses de deuda en la cuenta "662". Cuando se trata de una sanción, esta se contabiliza como un gasto extraordinario y si se trata de impuestos e intereses de años anteriores se imputan en la cuenta de reservas voluntarias, teniendo en cuenta que el impuesto de sociedades se ejecuta en junio del mes siguiente.

85

La provisión para impuestos desaparece cuando esta se convierte en una deuda reconocida finalmente por el acreedor, conociendo el tiempo y el importe de la deuda. Cuando se provisiona mayor importe, esta se establece como un ingreso en la cuenta excesos de provisiones. Si por el contrario, la provisión no fuese suficiente se contabilizará como un gasto en el ejercicio mediante la cuenta relacionada con dicha provisión, es decir, para el caso de un desmantelamiento que afecte a un inmovilizado material, el gasto se considera una pérdida del inmovilizado empleando la cuenta "671", para el caso de un impuesto se imputa en la cuenta "(631) Otros tributos" y para el caso de provisiones para actualización del medioambiente se imputa en la cuenta "(622) Reparación y conservación".

La provisión por desmantelamiento no se considera un gasto del ejercicio, ya que el importe estimado es mayor valor del inmovilizado, el cual también se debe de amortizar. Para ello se debe actualizar la estimación por desmantelamiento al año actual mediante el factor de actualización $(1+i)^{-n}$, siendo n el número de años que falta para su desmantelamiento, quitando el efecto del dinero futuro. Posteriormente, dicho valor de provisión se debe capitalizar para imputar el interés del efecto del dinero por la desmantelación al final de cada ejercicio económico, el cual se emplea el factor de capitalización $(1+i)^{+n}$, siendo n los años a capitalizar (por defecto 1, puesto que se capitaliza año a año).

Las provisiones por actualización medioambientales consta de estimaciones cuya finalidad es prevenir o reparar daños ocasionados sobre el medio ambiente.

Las provisiones no tienen I.V.A., ya que se trata de prevenir un gasto futuro, por lo tanto se imputará cuando se efectúe el gasto.

Las cuentas relacionadas con las provisiones figurarán en el pasivo corriente del balance si son a corto plazo y en el pasivo no corriente si son a largo plazo. Estas cuentas son:

- *(141)* Provisión para impuestos.
- *(142)* Provisión para otras responsabilidades.
- *(143)* Provisión por desmantelamiento, retiro o rehabilitación del inmovilizado.
- *(145)* Provisión para actualizaciones medioambientales.
- *(529)* Provisiones a corto plazo.
- *(660)* Gastos financieros por actualización de provisiones.
- *(662)* Intereses de deuda.

- (*678*) Gastos excepcionales.
- (*795*) Exceso de provisiones.
- (*113*) Reservas voluntarias.

El funcionamiento de las cuentas:

La empresa de Rosa adquiere una maquina a principio del 2008 por importe de 300.000€ a pagar en efectivo. La empresa estima que el coste por desmantelamiento tendrá lugar a finales del año 2009, cuyo importe por desmantelamiento ascenderá a 50.000€ con un tipo de interés del 5%. A finales del 2009 se lleva a cabo el desmantelamiento, cuyo coste es de 52.000€.

"Para poder obtener el valor de la provisión, se calcula el coste por desmantelamiento estimado en el año en que se compro la máquina $[50.000 \cdot (1+0,05)^{-2} = 45.351]$."

Debe	Diario		Haber
	01-01-08		
345.351	(213) Maquinaria (300.000+45.351)	a/	363.000
63.000	(472) H.P. IVA so-portado	a/ (572) Bancos C/C (143) Provisiones por desmantelamiento del inmovilizado	45.351
	31-12-08		
2.267	(660) Gastos finan-cieros por actualiza-ción de provisiones. *(45.351·(1+0,05)= 47.618)* *(47.618 – 45.351 =2.267)*	a/ (143) Provisiones por desmantela-miento del inmovili-zado.	2.267
	01-01-09		
47.618	(143) Provisiones por desmantela-miento del inmovi-lizado.	a/ (5293) Provisiones por desmantela-miento del inmovili-zado a c/p.	47.618

	31-12-09		
2.382	(660) Gastos financieros por actualización de provisiones. *(47.618 · (1+0,05)= 50.000* *(50.000 − 47.618 = 2.382)*	a/	(5293) Provisiones por desmantelamiento del inmovilizado a c/p.	2.382
	31-12-09		
50.000	(5293) Provisiones por el desmantelamiento del inmovilizado a c/p.	a/	(572) Banco c/c	52.000
2.000	(671) Pérdidas procedentes del inmovilizado material.			

Cambios en estimaciones, criterios y errores contables

En muchas ocasiones las estimaciones iniciales en provisiones o en amortizaciones no son las correctas, las cuales deben de ajustarse conforme se tenga conocimiento de ello. Los cambios en estimaciones consta de ajustes en el valor contable de los activos o pasivos en consecuencia de la obtención de información adicional. Se aplica de forma a futuro y su efecto se imputa como un ingreso o un gastos en la cuenta de resultados.

Cuando surge un cambio de estimación esta no se ajusta modificando el resultado del ejercicio de años anteriores, sino se calcula el importe que falta por amortizar y se reparte entre los años que faltan hasta llegar al nuevo criterio.

Ejemplo gráfico de cambio en la estimación:

Una empresa adquiere una máquina la cual va amortizar en cinco años de forma lineal y sin valor residual por 10.000€. A finales del año cuatro, se da cuenta de que la máquina la va usar durante siete años más. Por lo tanto debe amortizar conforme a la nueva estimación.

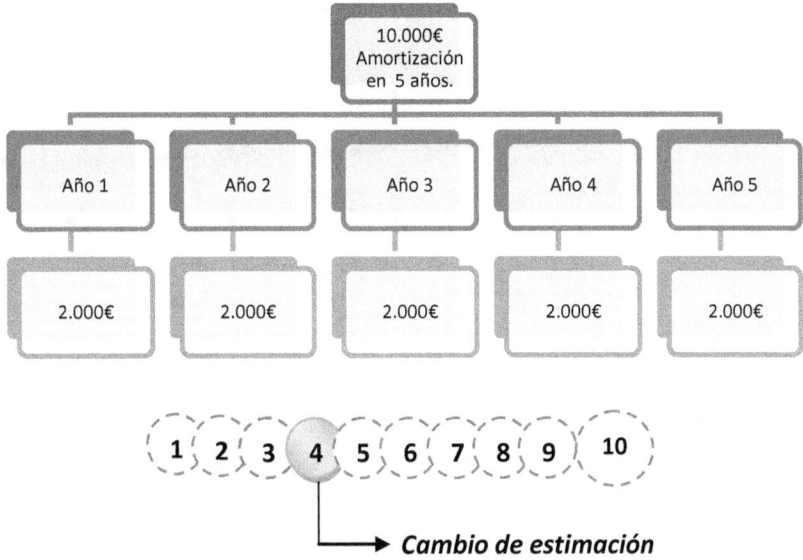

Se ha amortizado hasta el año tres 6.000€, faltando 4.000€ por amortizar, el cual se debe repartir entre los siete siguientes años que faltan hasta llegar al año 10 (la nueva estimación). Por lo tanto, la nueva amortización es de 571,42€ por año desde el año cuatro hasta el año 10.

Los cambios de criterios surgen cuando se altera el principio de uniformidad, esta debe ajustar las cuentas anteriores, es decir, las correcciones se harán de forma retroactiva (hacia atrás) modificando e imputando los importes en la cuenta de reservas voluntarias.

Los errores son omisiones o inexactitudes en las cuentas anuales de ejercicios anteriores, cuyas correcciones también se harán de forma retroactiva modificando las reservas voluntarias.

8º Operaciones con moneda extranjera

Se trata de transacciones cuyo importe exige su liquidación en una moneda diferente al euro. Las transacciones en moneda extranjera distinguen entre partidas monetarias y partidas no monetarias.

Las partidas monetarias consta del efectivo, de activo y pasivos que se vayan a recibir o pagar en unidades monetarias. Las partidas no monetarias son aquellos activos o pasivos que se vayan a recibir o pagar en una forma diferente a unidades monetarias como se ocasionan en los trueques.

Toda transacción en moneda extranjera se debe contabilizar en euros mediante le tipo de cambio vigente en el momento de la transacción. Dependiendo de si son partidas monetarias o no monetarias, al cierre del ejercicio se deben valorar de forma diferente.

- *Cuando se trata de partidas monetarias:* al cierre del ejercicio se debe actualizar el valor de los apuntes en moneda extranjera, imputándose las desviaciones como ingresos o gastos en la cuenta de pérdidas y ganancias, aplicándose el tipo de cambio vigente al cierre del ejercicio.
- *Cuando se trata de partidas no monetarias:* se deben actualizar dependiendo el tipo de valoración del activo, diferenciando entre la valoración por coste histórico o por valor razonable.
  - o *Por coste histórico:*
    - ▪ Se valorará por el tipo de cambio en la fecha de la transacción.
    - ▪ Las dotaciones de su amortización se realizarán por el importe registrado inicialmente.
    - ▪ Los deterioros se realizarán al tipo de cambio al importe recuperable.
  - o *Por valoración razonable:*
    - ▪ Se valorará por el tipo de cambio en la fecha que se determina el valor razonable.
    - ▪ Los cambios de valoración provocados por el tipo de cambio se imputan en el resultado del ejercicio.

Las inversiones en empresas extranjeras actúan con un doble efecto, la variación en la cotización de la empresa y la variación en el tipo de cambio, pero se contabiliza el efecto de las variaciones en su conjunto, es decir, las variaciones en la cotización y las variaciones en el tipo de cambio como uno.

El tipo de cambio es el precio de una moneda frente a la otra, por lo tanto el tipo de cambio del dólar ($) frente al euro(€) será el inverso del tipo de cambio del euro.

$$tc_\$ = \frac{1}{tc_€}$$

Las cuentas relacionadas son:

- (571) Caja, moneda extranjera.
- (573) Bancos e instituciones de crédito c/c vista, moneda extranjera.
- (575) Bancos e instituciones de crédito, cuentas de ahorro, moneda extranjera.
- (4304) Clientes (moneda extranjera).
- (4004) Proveedores (moneda extranjera).
- (668) Diferencias negativas de cambio.
- (768) Diferencias positivas de cambio.
- (6630) Pérdidas de cartera de negociación.
- (7630) Beneficios de cartera de negociación.

Las cuentas "6630" y "7630" se emplean por el efecto positivo o negativo del tipo de cambio en el valor razonable de inversiones en instrumentos de patrimonio o valores representativos de deuda en moneda extranjera.

El funcionamiento de las cuentas:

Una empresa compra mercaderías por valor de 5.000$ a finales de año, el cual deja a deber hasta los tres meses. El tipo de cambio en la fecha de compra es de 1€ = 1$, a finales de año el tipo de cambio es 1$ = 1,25€ y pasado los tres meses desde la compra el tipo de cambio está valorado en 1$ = 0,9€.

Debe	Diario	Haber
	———— **00-00-00** ————	
5.000	(600) Compras de a/ (4004) Proveedor mercaderías (moneda extranjera) (5.000 · 1=5.000)	5.000
	———— **00-00-00** ————	
1.000	(4004) Proveedor a/ (768) Diferencias (moneda extranjera) positivas al cambio (5.000 · 0,8 = 4.000) (5.000 - 4.000 = 1.000)	1.000
	———— **00-00-00** ————	
1.555	(668) Diferencias a/ (4004) Proveedor negativas al cambio (moneda extranjera) (5.000 · 1,11 = 5.555) (5.555 - 4.000 = 1.555)	1.555
	———— **00-00-00** ————	
5.555	(4004) Proveedor a/ (572) Banco C/C (moneda extranjera)	5.555

9º El impuesto sobre beneficios

El impuesto sobre beneficios es un impuesto directo que se imputa sobre el resultado del ejercicio en personas físicas (IRPF) y en personas jurídicas (ISS).

El método de la cuota a pagar es un gasto por impuesto sobre beneficios, el cual multiplica la base imponible por el tipo impositivo, restando posteriormente las bonificaciones y reducciones. De esta manera no se contabilizan las diferencias entre el resultado contable y el resultado fiscal.

El método por el efecto impositivo es un gasto que se calcula a partir del beneficio contable de la empresa, el cual reconoce las diferencias entre el resultado contable y el resultado fiscal, dejando constancia de las diferencias temporales y permanentes en la memoria (excluido para pymes).

Obtención del impuesto a pagar:
Resultado contable antes de impuestos.
Ajustes + (gastos no computables).
Ajustes - (gastos computables).
Base imponible previa.
- Bases imponibles negativas de ejercicios anteriores.
Resultado fiscal
· Tipo impositivo
Cuota integra
- Bonificaciones y deducciones.
Cuota líquida
- Retenciones y pagos a cuenta.
Cuota del ejercicio a pagar

En los casos de que el resultado contable antes de impuestos fuese negativo, se deberá contabilizar dicho resultado en negativo si se prevé que se pueda compensar en ejercicios posteriores mediante beneficios del resultado contable. Por el principio de prudencia se suele aplicar la pérdida de ejercicios cuando son extraordinarias, es decir, cuando no son esperadas.

95

Las diferencias entre resultados

Existen dos tipos de diferencias entre las normas contables y las normas fiscales.

- *Diferencias temporales:* son debidas al diferimiento en el momento de imputación de los gastos e ingresos, la cual supone la contabilización de activos y pasivos fiscales.
- *Diferencias permanentes:* son debidas a la concepción de los gastos e ingresos, la cual no supone la contabilización de activos y pasivos fiscales, es decir, no son deducibles fiscalmente.

Cuando son necesarios realizar ajustes positivos y negativos entre las discrepancias del resultado contable y del resultado fiscal, se deben realizar asientos contables. Estos son ocasionados por gastos que no son deducibles fiscalmente (multas) o por ingresos que no son computables en la base imponibles del resultado fiscal.

El tipo impositivo general es el 30% y la cuota líquida es lo que en principio sale a pagar siempre que no se hayan realizado retenciones y pagos a cuentas sobre el impuesto de sociedades, debiendo restarlas para obtener la cuota del ejercicio que se debe pagar.

Las diferencias permanentes:

Son originadas por ingresos y gastos en el ámbito contable y fiscal, como pueden ser las multas y sanciones, las cuales se consideran un gasto contable para la empresa, pero no son deducibles fiscalmente

Valor contable = 4.000€
Venta = 6.000€ } Beneficio contable = 2.000€
Beneficio fiscal = 800€
Discrepancia de -1.200€

Las diferencias temporales:

Son los gastos e ingresos que se originan por los distintos momentos temporales de imputación de dichos gastos o ingresos entre el contable y el fiscal, es decir, difieren en el periodo en el que se contabiliza. Por lo tanto, puede ser un gasto que surge en un ejercicio, pero este no es deducible en su totalidad en dicho ejercicio, repartiendo el gasto entre ejercicios posteriores.

Caso de ejemplo	Origen de la diferencia	Reversión de la diferencia					
Ejercicios	1		2		3		4
Gasto contable	1.000	-750	0	+250	0	+250	0	+250
Gasto fiscal	250		250		250		250	

Las diferencias temporales pueden ser un activo fiscal o un pasivo fiscal:

- *Activo fiscal:* surge cuando la diferencia es positiva en el origen, el cual se obtendrá un abono en ejercicios anteriores por el impuesto diferido revertido.
- *Pasivo fiscal:* surge cuando la diferencia es negativa en el origen, el cual se obtendrá un cargo en ejercicios anteriores por el impuesto diferido revertido.

Existen varios grupos de diferencias temporales, estas son:

- Por ingresos y gastos imputados directamente en el patrimonio neto de la empresa.
- Por plusvalías en combinaciones de negocios (fusiones).
- Por la valoración inicial contable siendo distinta de la fiscal.

	Siendo un activo en el balance	Siendo un pasivo en el balance	Contabilización en el balance
Diferencia -	V.F. < V.C.	V.F. > V.C.	Pasivos por diferencias temporarias imponibles.
Diferencia +	V.F. > V.C.	V.F. < V.C.	Activos por diferencias temporarias deducibles.

Existen dos tipos de diferencias temporarias, las imponibles y las deducibles.

Las diferencias temporarias imponibles, siendo diferencias negativas en el origen, se trata de cantidades que serán fiscalmente imponibles en el futuro, siendo estos pasivos por impuestos diferidos en la cuenta "479 Pasivos por diferencias temporarias imponibles". Las más comunes son:

- Diferencias de venta a plazos.
- Amortizaciones aceleradas autorizadas fiscalmente.
- Las cuotas de arrendamiento financieros, donde los coeficientes de la amortización fiscal máxima se duplican.
- Las subvenciones de capital que se consideran un ingreso contable (P.N.) y no se consideran una ganancia fiscal hasta que se imputa en la cuenta de pérdidas y ganancias.

Cuando hablamos de diferencias de compras o ventas a plazo nos referimos a periodos de largo plazo y con precios muy elevados. En estos casos las normas fiscales te permiten que puedas tributarlo en cada pago que realices de la venta o compra a plazos. Por ello se hará un ajuste en negativo o en positivo en el resultado del valor del activo, para posteriormente revertirlo a años posteriores, es decir, cuando realizas los pagos, el cual se incrementa la base imponible en ejercicios posteriores.

Las cuentas relacionadas con las diferencias temporarias imponibles son:

- (4709) Hacienda Púbica, deudora por devolución de impuestos.
- (473) Hacienda Pública, retenciones y pagos a cuenta.
- (4752) Hacienda Pública, acreedora por impuesto sobre sociedades.
- (479) Pasivos por diferencias temporarias imponibles.
- (6301) Impuesto diferido.
- (8301) Impuesto diferido (cuando se imputa en el patrimonio neto).
- (6300) Impuesto corriente.

Emilio Arroyo Roig

El impuesto corriente estará compuesto por la cuota líquida del resultado contable, antes de las retenciones y pagos a cuenta (mirar tabla "obtención del impuesto a pagar", pág. 97).

El funcionamiento de las cuentas:

Debe	Diario		Haber
	——— **00-00-00** ———		
xxx	(6300) Impuesto corriente.	a/	(473) H.P., retenciones y pagos a cuenta.	xxx
		a/	(4752) H.P., acreedora por impuesto	xxx
	——— **00-00-00** ———		
xxx	(6301) Impuesto diferido.	a/	(479) Pasivos por diferencias temporarias imponibles	xxx
xxx	(8301) Impuesto diferido.			

* Los asientos se deben realizar al revés para las reversiones.

Las diferencias temporarias deducibles, siendo diferencias positivas en el origen, suponen cantidades que serán deducibles fiscalmente en el futuro. Las más comunes son:

- Amortizaciones contabilizadas por encima de los máximos establecidos fiscalmente.
- Pérdidas por deterioros contabilizados por encima de las admitidas fiscalmente.

Las cuentas relacionadas con las diferencias temporarias deducibles son:

- *(4740)* Activos por diferencias temporarias deducibles.
- *(4742)* Derechos por deducciones y bonificaciones pendientes de aplicar.
- *(4745)* Créditos por pérdidas a compensar del ejercicio.
- *(6301)* Impuesto diferido.
- *(8301)* Impuesto diferido (cuando se imputa en el patrimonio neto).

El funcionamiento de las cuentas:

Debe	Diario			Haber
	00-00-00			
xxx	(4740) Activos por diferencias temporarias deducibles.	a/	(6301) Impuesto diferido.	xxx
xxx	(4742) Derechos por deducciones y bonificaciones pendientes de aplicar.	a/	(8301) Impuesto diferido.	xxx
xxx	(4745) Créditos por pérdidas a compensar del ejercicio.			

* Los asientos se deben realizar al revés para las reversiones.

10º El resultado de las sociedades de capital

Los administradores de la sociedad están obligados a formular, en el plazo máximo de tres meses a partir del cierre del ejercicio, las cuentas anuales, el informe de gestión y la propuesta de aplicación del resultado

Las cuentas anuales y el resultado del ejercicio se aprobarán por la Junta Ordinaria dentro de los seis primeros meses del ejercicio. Dentro del mes siguiente se depositará en el Registro Mercantil, el cual conservará los documentos durante seis años.

En las sociedades limitadas, la distribución de los dividendos se realiza en proporción a la participación en el capital social y en las sociedades anónimas, se realiza en proporción al capital desembolsado.

Si la sociedad dispone de acciones propias, los dividendos que le correspondan se distribuirán entre el resto de acciones de forma proporcionada. Los accionistas morosos no tendrán derecho a percibir dividendos hasta que se regularice su situación.

Plazos máximos de presentación de documentos	
Cierre del ejercicio	
3 meses después por los administradores.	Formular las cuentas anuales. Formular el informe de gestión. Formular la propuesta de aplicación del resultado.
6 meses después por la junta ordinaria.	Se aprueban las cuentas anuales. Se aprueba el resultado del ejercicio.
1 mes después.	
Se deposita en el Registro Mercantil, el cual lo conserva 6 años.	

El reparto de las ganancias

Para que la sociedad pueda repartir los beneficios entre sus socios se debe tener en cuenta las siguientes restricciones legales:

〈

〈 101 〈

- Se podrá repartir dividendos por beneficios del ejercicio a cargo de reservas de libre disposición cuando el patrimonio neto no sea inferior al capital social ($PN > CS$).

- Cuando existan pérdidas en ejercicios anteriores, el beneficio se debe destinar a compensar dichas pérdidas.

- No se puede repartir dividendos cuando las reservas disponibles no poseen como mínimo el importe de los gastos de I + D activados (el remanente se considera de libre disposición).

- Deberá dotarse de una reserva no disponible de fondo de comercio de al menos el 5% del capital del fondo de comercio.

- El 10% de los beneficios obtenidos en el resultado del ejercicio se destinarán a reservas legales hasta que esta alcance el 20% del capital social.

- Los estatutos de la sociedad pueden asignar derechos económicos a los fundadores y promotores siempre que no exceda del 10% de los beneficios netos menos las cuota de reservas legales por un periodo máximo de 10 años.

- Cuando el capital social se ha reducido, solo se podrá repartir dividendos cuando la reserva legal alcance el 10% del nuevo capital social.

El beneficio o lo que queda para repartir entre los socios y el crecimiento de la empresa se obtiene de la siguiente manera:

$$B^{\underline{o}} = \begin{pmatrix} Resultado \\ contable \end{pmatrix} - \begin{pmatrix} Gasto\ de\ los \\ administradores \end{pmatrix} - \begin{pmatrix} Impuesto\ de \\ sociedades \end{pmatrix} - \begin{pmatrix} Gasto\ de\ los \\ fundadores \end{pmatrix}$$

El coste de los administradores es un gasto deducible para el impuesto sobre sociedades, ya que este se considera como un salario para la empresa, imputándose en la cuenta "(649) Otros gastos salariales". En cambio, el gasto de los fundadores de la empresa no es deducible en el impuesto sobre sociedades, ya que no se considera como el pago de un salario, sino como el pago de un beneficio. Este beneficio se imputa en la cuenta "(658) Gasto por derecho de los fundadores o promotores".

El impuesto resulta de aplicar el tipo impositivo al resultado contable menos los gastos de los administradores.

El resultado positivo

La junta general o los administradores pueden acordar el reparto de un dividendo entre los socios antes del cierre del ejercicio bajo las siguientes condiciones:

- Estos deben formular un estado contable donde se ponga de manifiesto que existe liquidez suficiente en la empresa para su reparto.
- La cantidad a distribuir no puede exceder de los resultados obtenidos desde el fin del último ejercicio.

El dividendo a pagar es el importe que la empresa acuerda con los accionistas a pagar sobre el beneficio del ejercicio. Estas cuentas se consideran transitorias, llevándolas al resultado del ejercicio cuando este finaliza.

Las cuentas relacionadas son:

- *(557)* Dividendo activo a cuenta.
- *(526)* Dividendo activo a pagar.
- *(4751)* Hacienda Pública retenciones practicadas.

La cuenta "557" es una cuenta de patrimonio, en el caso de que fuese a balance, esta se registra en negativo, disminuyendo el resultado del ejercicio. La cuenta "526" es una cuenta de pasivo, el caso de que fuese a balance, esta se registraría en el pasivo corriente.

El funcionamiento de las cuentas:

Una empresa acuerda distribuir un dividendo activo a sus accionistas de 8.000€ a cuenta del beneficio del ejercicio.

Debe	Diario		Haber
	——— 00-00-00 ———		
8.000	(557) Dividendo activo a cuenta.	a/	(526) Dividendo activo a pagar.	8.000

Pasados 30 días la empresa realiza el pago del dividendo.

Debe	Diario		Haber
	——— 00-00-00 ———		
8.000	(526) Dividendo activo a pagar.	a/	(572) Banco C/C.	6.320
		a/	(4751) Hacienda Pública acreedora por retenciones practicadas.	1.680

Al final el ejercicio económico la empresa determina que el dividendo total a pagar es de 15.000€.

Debe	Diario		Haber
	——— 00-00-00 ———		
15.000	(129) Resultado del ejercicio.	a/	(526) Dividendo activo a pagar.	7.000
		a/	(557) Dividendo activo a cuenta.	8.000

La empresa paga por banco el dividendo anterior.

Debe	Diario		Haber
	——— 00-00-00 ———		
7.000	(526) Dividendo activo a pagar.	a/	(572) Banco C/C.	5.530
		a/	(4751) Hacienda Pública acreedora por retenciones practicadas.	1.470

Cuando el resultado del ejercicio es deudor, es decir, tiene perdidas, al inicio del ejercicio siguiente se saldará en la cuenta "121" Resultados negativos de ejercicios anteriores, dejando un cuarto digito en la cuenta para determinar el resultado negativo de cada ejercicio.

Cuando se tienen bases imponibles negativas que se esperan compensar con positivas en los próximos 15 años se contabiliza su tipo impositivo de la siguiente manera:

Debe	Diario		Haber
	00-00-00		
xxx	(4745) Crédito por pérdidas a compensar (Base imponible · Tipo de interés).	a/ (6301) Impuesto diferido.	xxx

www.ingramcontent.com/pod-product-compliance
Lightning Source LLC
Chambersburg PA
CBHW051337170526
45166CB00002B/845